ALIMENTATION
MUSCLÉE

S. Kleiner et M. Greenwood-Robinson

ALIMENTATION
MUSCLÉE

Construire du muscle
Gagner en énergie
Perdre du poids

VIGOT

Traduit de l'américain par Denis Riché.

Pour l'édition originale parue sous le titre *Power eating. Build muscle, gain energy, lose fat* :
© 1998 by Human Kinetics Publishers, Inc.

Pour la présente édition :
© 1999, Éditions Vigot - 23, rue de l'École-de-Médecine, 75006 Paris.
Dépôt légal : mars 1999 - ISBN 2 7114 1380 2
Imprimé en France.

Sommaire

Préface

Avec *Alimentation musclée*, j'ai enfin écrit le livre que j'espérais. En 1982, lorsque j'ai commencé mes recherches sur l'entraînement de la force, et que j'ai entamé mon propre programme, j'ai su qu'il fallait un ouvrage de cette sorte. Mais jusqu'à ce jour, on ne disposait pas d'assez d'informations scientifiques dans les domaines de la nutrition, du culturisme ou de la culture physique qui auraient permis de rédiger un livre sérieux. Ce n'est plus le cas maintenant : que vous pratiquiez la musculation pour la compétition, pour rester en forme, ou simplement par souci d'esthétisme, il vous faut le lire. Il n'existe rien de comparable !

C'est une époque captivante pour les adeptes de la musculation, de grandes découvertes surviennent. Ainsi, nous commençons à comprendre de quels nutriments notre organisme a besoin pour soutenir l'entraînement et la prise de masse musculaire. On sait également désormais que certains compléments sont efficaces. Mais encore faut-il parvenir à décrypter ces informations et à séparer les faits avérés des arguments publicitaires.

Ce livre est le résultat de quinze années d'expérience professionnelle acquise dans les domaines de la nutrition et de la musculation. À partir des recherches conduites auprès des professionnels du culturisme et des footballeurs américains, j'ai affiné un régime adapté à l'entraînement de la force, mais qui couvre aussi les besoins nutritionnels de chacun.

Alimentation musclée va vous apprendre ce qu'on ne vous expliquera nulle part ailleurs. Quels sont les besoins nutritionnels fondamentaux de l'organisme ? Vous faut-il ajouter des nutriments à votre ration si vous pratiquez un sport de force ? Les compléments nutritionnels sont-ils vraiment efficaces ? Que penser des édulcorants et des fausses graisses ? Quels dangers font courir les dopants ? Un végétarien peut-il gagner de la masse musculaire ? Pouvez-vous perdre du poids sans compromettre votre santé ? Y a-t-il des astuces diététiques vous permettant de gagner du volume ? Que manger le jour d'une compétition ?

Ne vous souciez plus d'élaborer votre propre plan diététique, je m'en charge à votre place ; il vous suffira de vous inspirer d'un des huit modèles de programmes que j'ai conçus.

Mon but est de vous aider à construire le corps que vous souhaitez, de manière saine, sans danger, ni usage de produits illicites. Avec *Alimentation musclée*, c'est maintenant possible.

Remerciements

J'exprime ma plus profonde reconnaissance à notre éditeur, Martin Barnard, et à mon coauteur, Maggie Greenwood-Robinson, ces personnes visionnaires qui ont su que l'heure de concevoir ce livre était enfin venue, et qui m'ont aidée à ce qu'il voie le jour. Je vous remercie, M. James Park, pour votre excellent travail de finition effectué sur les derniers détails. Et surtout merci à vous, ma famille, pour votre amour et votre soutien.

1

Faire le plein de carburant pour se muscler

© Mary Langenfeld

Pensez à l'allure que vous aimeriez avoir et comment vous aimeriez vous sentir. Imaginez-vous avec un corps ferme, en forme et avec des muscles bien proportionnés. Imaginez quelle joie de ressentir l'énergie et la vigueur vous rendant plus performant chaque jour.

Gardez ces images bien ancrées dans votre esprit. Ce livre va vous montrer comment atteindre ces objectifs en vous mesurant avec l'un des plus importants facteurs de forme : la nutrition. Mais pas n'importe quelle nutrition. Il s'adresse aux pratiquants des sports de force. Il présente des besoins nutritionnels très spécifiques qui dépendent du type d'activité et du niveau de ces sportifs.

Quelle sorte de sportif êtes-vous ? Un culturiste, un haltérophile, un athlète qui pratique la musculation dans le cadre de son entraînement, ou simplement un individu qui soulève des charges pour rester en forme ? Bien sûr, toutes ces activités représentent des sollicitations physiques distinctes et occasionnent des besoins nutritionnels différents. C'est pour cette raison que vous trouverez, au chapitre 11, plusieurs programmes alimentaires individualisés adaptés au travail de musculation. Mais il existe un dénominateur commun à toutes les séances effectuées par les adeptes des sports de force, depuis le compétiteur jusqu'au pratiquant de loisir, c'est l'intérêt qu'ils manifestent pour une même chose : fabriquer du muscle.

AVEC QUOI FABRIQUE-T-ON DU MUSCLE ?

Assurément, l'entraînement de la force façonne la musculature. Mais pour cela, il faut fournir les matériaux nécessaires à cette construction, c'est-à-dire les protéines, les sucres et les graisses apportées par l'alimentation. Lors d'un processus nommé « métabolisme », notre corps dégrade ces nutriments et les utilise pour générer l'énergie nécessaire au développement et à la vie.

En particulier, lors du métabolisme, les protéines sont scindées en « acides aminés ». Ceux-ci sont utilisés par les cellules pour élaborer de nouvelles protéines, à partir des directives fournies par l'ADN, notre système génétique de commande. En effet, l'ADN fournit des informations spécifiques sur la façon dont les acides aminés doivent s'aligner successivement. Une fois que ces instructions ont été exécutées, la cellule a synthétisé une nouvelle protéine.

En se basant sur ce processus, la logique voudrait que plus on mange de protéines, plus notre corps construise de muscle. Mais ce n'est pas ainsi que cela fonctionne ; les protéines en excès sont converties en glucides pour fournir de l'énergie, ou en graisses qui seront stockées.

Gagner du muscle ne consiste donc pas à se gaver de protéines mais plutôt à lui en demander davantage, autrement dit à le faire travailler plus dur. Les fibres musculaires vont répondre en captant les nutriments dont elles ont besoin, notamment les acides aminés utilisés pour former les protéines nécessaires à leur croissance. Ainsi, si vous entraînez vos muscles de manière intensive, leurs cellules (ou fibres musculaires) vont synthétiser les protéines dont ils ont besoin.

D'OÙ LE MUSCLE TIRE-T-IL SON ÉNERGIE ?

Pour parvenir à entraîner vos muscles de manière intensive, il vous faut leur apporter le bon carburant. Les fibres musculaires, comme toute autre cellule, fonctionnent grâce à un composé très riche en énergie nommé « l'adénosine triphosphate » (ATP). C'est ce composé énergétique qui permet la contraction musculaire, la transmission de l'influx nerveux, et participe à toutes manifestations énergétiques de la cellule. Les fibres obtiennent leur ATP en combinant l'oxygène aux nutriments contenus dans les aliments, principalement aux glucides. Ces cellules utilisent aussi les graisses, mais leur dégradation ne peut survenir qu'en présence d'oxygène. En fait, les fibres musculaires préfèrent brûler les glucides, stocker les graisses et utiliser les protéines pour la croissance et la réparation des tissus.

Vos cellules génèrent de l'ATP à travers l'un des trois systèmes énergétiques suivants : celui des « phosphagènes », la glycolyse et les processus oxydatifs.

— Le système des « phosphagènes » régénère l'ATP en fournissant un composé nommé la « créatine phosphate » (CP). En effet, lors d'efforts intenses et brefs, explosifs, comme ceux accomplis en musculation et en sprint, tout l'oxygène disponible est rapidement utilisé par les muscles mobilisés. La CP entre alors en jeu pour délivrer de l'énergie pendant quelques brèves secondes, aidant ainsi à recréer de l'ATP lorsque celui-ci a été épuisé.
 Tout effort intense de trois à quinze secondes provoque une déplétion rapide de l'ATP et de la CP musculaires. Ces éléments doivent alors être remplacés. C'est le rôle des autres systèmes énergétiques de l'organisme, celui de la glycolyse et des processus aérobies.
— La glycolyse met du glucose à la disposition des muscles, à partir de la digestion des aliments mais aussi à partir de la dégradation du glycogène des muscles et du foie, qui constituent les réserves glucidiques corporelles. Lors du processus nommé « glycolyse », le glycogène est dissocié en glucose dans les muscles et, suivant une série de réactions chimiques, il est finalement converti en ATP.
 Les réserves de glycogène musculaire peuvent fournir assez d'énergie pour soutenir deux à trois minutes d'effort explosif continu. Si la cellule musculaire dispose d'oxygène en quantité suffisante, beaucoup d'ATP sera tiré de ce glucose. En revanche, si l'oxygène manque ou est absent, les muscles produisent à partir du glucose un déchet nommé « acide lactique ». Son accumulation dans un muscle en action crée une sensation de brûlure, le fatigue et le

contraint à interrompre sa contraction. L'acide lactique quitte le muscle lorsque de l'oxygène est disponible pour reformer l'ATP et la CP. Une brève période de repos permet à l'organisme d'apporter de l'oxygène aux muscles, et on peut alors reprendre l'exercice.

- La troisième filière énergétique de l'organisme est le système oxydatif. Il intervient surtout dans les exercices aérobies et les autres activités d'endurance.

Bien que le système oxydatif puisse seul faire face à l'intégralité des besoins énergétiques lors d'efforts en endurance, les trois systèmes interviennent plus ou moins au cours de ces efforts. Mais le système des « phosphagènes » et la glycolyse prédominent dans le contexte des sports de force.

L'oxygène ne constitue pas une source d'énergie directement utilisable. Il intervient en fait comme un « ingrédient » permettant de tirer de grandes quantités d'ATP à partir des autres sources d'énergie. Le système oxydatif fonctionne en fait de la façon suivante : vous inhalez de l'oxygène, qui est ensuite prélevé par le sang au niveau des poumons. Votre cœur pompe le sang chargé en oxygène vers les tissus, dont les muscles. L'hémoglobine, une protéine du sang contenant du fer, se charge de ce transport d'oxygène vers les tissus pour leur permettre de produire de l'énergie. La myoglobine, autre protéine riche en fer, achemine l'oxygène à l'intérieur des cellules. Là, les graisses et les sucres sont convertis en énergie à travers une série de réactions.

L'aptitude de votre organisme à produire de l'énergie *via* l'un de ces trois systèmes peut s'améliorer sous l'effet d'une ration d'entraînement appropriée et d'un programme d'exercices convenable. Il en résulte un métabolisme orienté vers la combustion des graisses et la construction de masse musculaire.

RÈGLES DE NUTRITION POUR LA MUSCULATION

Si vous voulez améliorer votre physique et vos performances musculaires de façon sérieuse, vous tenterez tout ce que vous pourrez pour y parvenir. Malheureusement, les conseils donnés aujourd'hui aux adeptes de la musculation sont un méli-mélo de réalités et de fantaisies. Ce que j'aimerais faire, c'est séparer les unes des autres en jetant avec vous plusieurs principes de base, que tous les adeptes des sports de force peuvent suivre pour arriver en forme et établir leurs records personnels. Ces principes sont les mêmes que ceux que j'ai appliqués avec les athlètes de niveau mondial, avec les compétiteurs des JO, ou avec les pratiquants de loisir depuis plus de quinze ans. Passons-les maintenant en revue.

Diversifiez votre alimentation

Vous avez certainement admiré la plastique des culturistes montrés dans les magazines. Cela se comprend, ils sont musclés, sont bien dessinés, et possèdent des proportions proches de la perfection. C'est l'image même de la santé, n'est-ce pas ? Eh bien le plus souvent, ce n'est pas vrai. La toute première étude que j'ai conduite a porté sur la ration d'entraînement de culturistes participant à des compétitions. Ce que j'ai découvert, c'est qu'ils avalaient beaucoup de calories, en gros 6 000 par jour, voire plus. Un élément inquiétant ressortait de cette étude : ils ingéraient, en moyenne, plus de 200 g de lipides par jour. Cela en représente autant que dans une demi-livre de beurre ! À court terme, cela suffit à rendre malade n'importe qui. Consommée de manière habituelle, sur de longues périodes, une telle quantité de graisses peut conduire aux maladies cardiaques.

Les rations des culturistes, particulièrement celles qui précèdent les compétitions, tendent à être très monotones, comportant les mêmes denrées au menu jour après jour. Le pire exemple que j'aie pu constater était celui d'un culturiste qui se nourrissait uniquement de poulet, de riz, de poivrons et de vinaigre les trois derniers jours précédant un concours. Le problème posé par une telle diète c'est qu'elle manque de variété. Sans cette diversité, beaucoup de nutriments indispensables à une forme optimale vous feront défaut.

En général, les culturistes ne mangent pas beaucoup de fruits, de laitages, ni de viande rouge. Or les fruits renferment des anti-oxydants et des phytonutriments qui préviennent de nombreuses maladies et contribuent à une meilleure santé. Les laitages, quant à eux, apportent d'importants nutriments comme le calcium, qui entre dans l'architecture de l'os. Enfin, la viande rouge s'avère essentielle en raison de sa richesse en minéraux vitaux comme le fer ou le zinc.

Lorsque de telles denrées sont limitées ou exclues, des déficits potentiellement graves commencent à se manifester. Dans certaines études que j'ai réalisées, ainsi que dans celles effectuées par d'autres, les carences le plus souvent observées concernent le calcium et le zinc, en particulier lors de la saison précompétitive. En fait, la plupart des culturistes féminines se trouvent exposées à de sérieux risques de déficits minéraux, et cela à longueur d'année. Un apport calcique chroniquement insuffisant accroît le risque d'ostéoporose, affection invalidante causée par une fragilisation de l'os. Par ailleurs, bien que les besoins en zinc d'une femme soient faibles (15 mg/j), sa concentration dans l'organisme permet de disposer d'une défense très efficace contre les maladies et les infections. En résumé, des déficits en ces minéraux peuvent altérer l'état de santé et les performances. Inversement, la réintroduction de ces minéraux à votre ration de lait écrémé, de viande rouge ou de chair de volaille vous permettra d'éviter certains de ces problèmes. Une portion de 100 g d'aloyau de bœuf contient ainsi environ 6 mg de zinc, 100 g de dinde en délivrent presque 4 mg, alors qu'un verre de 200 ml de lait demi-écrémé en fournit à peu près 1 mg.

Un autre problème nutritionnel rencontré chez les culturistes est celui des restrictions hydriques. En effet, peu avant une compétition, ils boivent peu d'eau, craignant qu'elle altère leur plastique au point de brouiller leur définition musculaire. En rapport avec cette préoccupation, beaucoup d'entre eux utilisent des diurétiques et des laxatifs, pratique ayant pour conséquence de chasser de l'organisme davantage d'eau, et de précieux minéraux appelés « électrolytes ». En général, les culturistes prennent part aux épreuves en étant déshydratés. Lors d'une compétition, j'ai vu deux participants s'évanouir sur l'estrade, l'un à cause d'une déshydratation sévère, l'autre à la suite d'un grave déséquilibre électrolytique.

Après une compétition, les culturistes tendent à manger énormément. Je ne vois rien à y redire, tant que cela reste une extravagance ponctuelle. Mais si cette complaisance persiste sur une longue période, elle peut conduire à la prise de graisses excédentaires que vous ne souhaitez sûrement pas.

Malgré tout, les culturistes ont beaucoup de bonnes habitudes, notamment lors de la période de préparation. Ils mangent notamment plusieurs fois dans la journée, pratique fort recommandée à la population par les nutritionnistes.

Suivez un régime riche en glucides

Il est également bien connu que la plupart des sportifs, y compris les culturistes, n'ingèrent pas assez de glucides, alors qu'il s'agit des principaux pourvoyeurs d'énergie. La plupart des athlètes avalent des portions dont seulement la moitié des calories proviennent des glucides, alors que ceux-ci devraient fournir 70 % de l'apport énergétique quotidien. Beaucoup de culturistes entreprennent un régime pauvre en glucides pensant qu'il permet une perte de poids plus rapide. Mais le problème d'une telle ration est qu'elle épuise le glycogène, qui constitue la forme sous laquelle on stocke les glucides dans notre organisme. Et une fois que ces réserves sont taries, l'organisme commence à brûler des protéines tissulaires (notamment dans les muscles), pour satisfaire ses besoins énergétiques. Résultat ? Vous perdez ce précieux tissu si durement fabriqué.

Les culturistes et les autres adeptes des sports de force ont peur d'absorber des glucides, particulièrement le pain et les pâtes. Ils pensent que ces aliments vont les faire grossir. Il s'agit d'un mythe alimentaire en partie responsable des proportions inappropriées de glucides, lipides et protéines présents dans les rations des culturistes. Ces rations sont typiquement trop riches en protéines.

Les glucides constituent probablement les nutriments les plus importants pour la perte de poids et la prise de masse. Lorsque vous finirez ce livre, vous serez convaincu de cette vérité !

Brûlez suffisamment de calories

L'un des moyens de se sentir plein d'énergie consiste à avaler la quantité exacte de calories dont votre organisme a besoin pour s'entraîner dur. Un déficit énergétique pourrait vous faire ressembler à une loque à la fin de votre séance.

Une ration de moins de 1 600 calories par jour ne délivre généralement pas toutes les vitamines et les minéraux requis pour rester en bonne santé, prévenir les maladies et réussir des performances. Des régimes très pauvres en calories peuvent d'ailleurs se révéler dangereux pour votre santé si vous les poursuivez plus de deux semaines. Ils ne couvrent aucun des apports nutritionnels recommandés pour un bon état de santé.

Historiquement, les « apports recommandés quotidiens » (ARQ) constituent les normes quantitatives pour les protéines, les glucides, les graisses, les vitamines et les minéraux nécessaires dans notre ration pour éviter les maladies carentielles et maintenir la croissance et la santé. Mais dans certaines conditions — stress, maladie, malnutrition et exercice — nous pouvons présenter des besoins accrus en certains nutriments. Des travaux ont montré en particulier que les sportifs peuvent avoir, pour certains éléments, des besoins supérieurs aux ARQ. Certains culturistes compétiteurs ont estimé que leurs apports caloriques quotidiens excédaient 6 000 calories durant l'intersaison, soit globalement trois fois les ARQ d'un sujet moyen (2 000 calories/jour pour une femme, 2 700 pour un homme).

La quantité de chaque nutriment dont vous avez quotidiennement besoin dépend de nombreux facteurs, notamment de votre âge, de votre sexe, de votre charge d'entraînement et de votre statut de compétiteur ou de sportif de loisir. Généralement, nous trouvons que les culturistes doivent absorber davantage de glucides et qu'ils seraient bien inspirés de se supplémenter en antioxydants et en certains minéraux. Vous en saurez plus sur ces sujets à mesure que vous avancerez dans votre lecture. Si vous essayez de gagner du muscle et de perdre de la graisse, le fait d'avaler suffisamment de calories et d'ingérer assez de nutriments peut faire la différence entre la réussite et l'échec.

Arrêtez les surdosages

L'auteur d'un célèbre magazine de culturisme nota un jour : « *Les body-builders semblent croire que rien ne réussit mieux que l'excès. Que si quelque chose vous est bénéfique, en prendre deux fois plus doublera les effets. Que trop n'est jamais assez.* »

À bien des égards, ce jugement prévaut comme un leitmotiv dans la nutrition des sports de force, notamment en ce qui concerne les protéines et les suppléments. Ainsi, leurs adeptes tendent à avaler des mégadoses d'aliments et de compléments, pensant que plus ils en ingéreront, plus ils construiront du muscle. Rien n'est moins juste. Il vous faut en fait une quantité spécifique de chaque nutriment, établie sur la base des besoins individuels. Mangez plus d'aliments que ce qu'il vous faut, et ils se transformeront en graisses peu seyantes. Et si vous exagérez les doses des compléments nutritionnels, le surplus sera excrété ou entraînera des effets toxiques dans votre organisme.

**Profil
d'un champion**

La prise de masse musculaire dépend beaucoup des apports caloriques. Mais leur provenance est un facteur clef lorsqu'on recherche une prise de masse maximale et une adiposité minimale. Voici un exemple qui l'illustre : c'est celui d'un footballeur américain professionnel désireux de perdre du poids pour aller plus vite sur le terrain. En effet, s'il ne maigrissait pas sensiblement, il risquait de ne plus figurer dans l'équipe. Il avait besoin d'un sauvetage nutritionnel efficace.

Ce sportif ingérait un peu plus de 7 000 calories par jour qui se répartissaient en 17 % de protéines, 32 % de lipides et 49 % de glucides. Exprimée en grammes, sa ration lipidique atteignait le chiffre effarant de 250 g/j. La composition de son régime était un obstacle à la perte de poids. J'ai reformulé sa ration en la portant à 5 680 calories/jour, réparties en 12,5 % pour les protéines, 25 % pour les lipides, et 62,5 % pour les glucides, l'apport en graisses tombant à un chiffre plus acceptable de 142 g/j.

Ce sportif avalait beaucoup de graisses « cachées », poulet frit, lait entier, produits de fast-foods. Nous leur avons substitué du blanc de poulet (sans la peau), du lait demi-écrémé et des spécialités de fast-foods pauvres en lipides, comme les salades ou les glaces au yaourt. De plus, nous avons modifié certains de ses plats favoris, comme les tartes à la patate douce, en créant des versions allégées en graisses. Il a également commencé à privilégier les glucides « complexes » comme le riz, les pâtes, le pain et à se nourrir de légumes. Enfin, il a réduit sa portion de viande à environ 220 g/j.

Tous ces changements alimentaires aboutirent à une perte de poids, il réintégra l'équipe et réalisa une grande saison. Actuellement, il est toujours joueur professionnel.

Protéines, force et prise de masse

Durant de nombreuses générations, les athlètes ont pensé qu'une ration riche en protéines augmenterait leur force. Historiquement, ce mythe remonte à un fameux athlète grec, Milon de Crotone, qui a vécu au VIe siècle avant J.- C. Celui qu'on considérait comme l'un des hommes les plus forts de la Grèce antique, gagna l'épreuve de lutte lors de cinq olympiades, ainsi que la plupart des autres compétitions. Selon la légende, il s'entraînait en appliquant le principe de la « progressivité », c'est-à-dire en soulevant quotidiennement un veau en pleine croissance. Lorsque l'animal eut quatre ans, il le porta d'un bout à l'autre du stade, le tua, le fit cuire et le mangea. Sa ration normale quotidienne de viande aurait été de près de 8,5 kg.

Dans les années 1960 et 1970, les magazines consacrés au muscle donnaient tellement d'importance aux protéines qu'on les considéra très vite comme des aliments miracle. De ce fait, les culturistes et les autres athlètes adoptèrent des rations principalement constituées de viande, de lait et d'œufs. Le milk-shake aux œufs crus, en particulier, jouissait d'un énorme succès. Pourquoi, à cette époque, souhaitait-on avaler si avidement une telle concoction ? Par désinformation. Les articles et les publicités parus depuis continuent de propager cette notion erronée selon laquelle les protéines tirées d'aliments crus, et notamment des œufs sont, comparativement aux aliments cuits, mieux assimilées.

Non seulement cette idée est totalement fausse mais, de plus, l'accepter expose à un danger. Une molécule de protéine se compose d'acides aminés enchaînés les uns aux autres comme les perles d'un collier. Imaginez deux cordons de perles repliés ensemble, et entortillés l'un sur l'autre, et vous aurez une idée de la structure d'une protéine.

Chauffer ou cuire cette molécule déroule la chaîne d'acides aminés et la rend horizontale, et finalement en sépare chaque élément. Ce processus constitue la « dénaturation » par la chaleur, qui est similaire à la dénaturation d'origine chimique que représente la digestion. La cuisson des protéines alimentaires peut donc démarrer les processus digestifs, et peut réellement réduire la quantité d'énergie requise par l'organisme pour effectuer la digestion.

Avaler des œufs crus est une mauvaise habitude, exposant au risque de contamination par les micro-organismes responsables de la salmonellose. La cuisson des œufs détruit les bactéries qui en sont responsables, éliminant ainsi ce danger. Il faut le dire : manger des œufs crus pour bâtir du muscle et gagner de la force est un mythe. On doit totalement éviter cette pratique.

Aujourd'hui, des compléments à base d'acides aminés, variante moderne du mythe des régimes hyperprotéinés, sont proposés pour gagner de la masse musculaire et améliorer les performances.

La nutrition du sportif a fait descendre tous ces mythes de leur piédestal. Nous savons désormais que le plus important des facteurs nutritionnels en jeu dans la prise de force et de poids est l'apport glucidique. Certes, en pratiquant les sports de force, il nous faut plus de protéines que le reste de la population, mais pas tant que ce que vous croyez. Lors de toutes ces années passées à collaborer avec des culturistes, je n'en ai jamais vu qui aient été déficients en protéines, pas même un végétarien !

Le point sur les compléments

Depuis 1972, les ventes de compléments nutritionnels aux États-Unis ont été multipliées par six, passant de 500 millions à 3 milliards de dollars. Pas moins de

45 % de tous les hommes et de 55 % des femmes en consomment. Ceux qui y ont régulièrement recours dépensent, en moyenne, 32 dollars (environ 200 francs) par an à l'achat de pilules de vitamines et de minéraux.

Cela signifie que la plupart des Américains dépensent bien plus que cette moyenne, étant donné que ces statistiques ne couvrent que ce qu'on nomme les « nutriments essentiels », c'est-à-dire les vitamines et les minéraux qu'il nous faut trouver dans nos aliments pour rester en bonne santé et éviter les carences. Or la seule pathologie qu'une vitamine ou un minéral donnés peuvent guérir est celle qui résulte d'une carence en cet élément particulier. Il vaut cependant mieux les tirer des aliments. Mais s'ils ne vous en délivrent pas assez, le recours à la supplémentation quotidienne avec une préparation de multivitamines et minéraux peut s'avérer indispensable pour couvrir vos besoins.

Les suppléments « non essentiels » regroupent les composés dont des apports trop faibles ne donnent pas lieu à des signes classiques de déficits. En d'autres termes, ces entités ne sont pas nécessaires au maintien d'un bon état de santé, ni à l'amélioration des performances. Il est certain qu'on peut tout à fait réussir sans recourir au picolinate de chrome ni aux MCT, même si de nombreux culturistes ne s'en passeraient sous aucun prétexte. Alors pourrait-on réaliser de nouveaux records en incorporant à notre ration des compléments de nutriments non essentiels ?

Difficile de répondre, même si le lien entre l'alimentation et la performance se dessine chaque jour de plus en plus clairement. Nous avons également réalisé qu'il se révèle plus complexe qu'on le pensait. Quotidiennement, nous recevons d'ailleurs notre lot de publications relatant de nouvelles découvertes sur des facteurs nutritionnels. Parfois, elles nous enseignent que certains qu'on considérait comme non essentiels pourraient améliorer notablement la santé et la vigueur.

Il n'en faut pas plus à certains fabricants de produits diététiques : dès que le moindre début d'argument émerge, même basé sur une simple étude menée sur des rats, pour suggérer que tel nutriment pourrait faciliter la prévention d'une maladie, la prise de masse ou l'amélioration des performances, vous pouvez être sûr que vous ne tarderez pas à le retrouver dans un complément.

Malheureusement, ces fabricants ne sont pas soumis aux mêmes contraintes rigides que celles imposées dans l'industrie pharmaceutique [1]. Aux États-Unis, ces compléments sont considérés, sur le plan légal, comme des aliments et non des médicaments. L'USFDA (Food and Drug Administration) attend des étiquetages, comme pour les produits alimentaires courants, qu'ils ne soient pas men-

---

(1) En France, la législation des « produits diététiques de l'effort », beaucoup plus sévère, n'autorise heureusement pas de telles dérives. La Direction générale de la répression des fraudes se charge de veiller à la bonne application des textes, qui concernent aussi bien les constituants permis que le libellé des allégations inscrites sur l'emballage.

songers. Mais à l'inverse des médicaments, ces compléments n'ont pas besoin d'apporter la preuve de leur efficacité pour apparaître sur le marché.

Sauf dans le cas où un consommateur tombe malade après en avoir consommé un et le mentionne à cet organisme, les fabricants ont rarement à démontrer leurs affirmations. Alors consommateurs, attention ! Il peut n'y avoir aucune vérité, un soupçon de vérité ou une totale vérité sur les allégations vantant un complément. Donc, avant de croire tout ce que vous pouvez lire sur une étiquette ou une publicité, essayez d'obtenir des faits.

OÙ EN ÊTES-VOUS ACTUELLEMENT ?

Analysez maintenant votre alimentation actuelle pour connaître les contributions respectives des trois nutriments énergétiques. Vous devez également déterminer le niveau de vos apports hydriques, l'eau constituant un nutriment critique. Cette analyse vous rendra la lecture des prochains chapitres plus intéressante et pratique. Par exemple, lorsqu'on abordera les protéines, vous vous demanderez certainement à quel niveau se situent les apports dans votre ration. L'analyse précise que nous vous proposons vous fournira la réponse.

Reportez, durant trois jours consécutifs, les aliments que vous mangez sur le tableau 1.1 ci-après. Faites-le lors de journées représentatives de vos habitudes

---

Nutrition de l'effort : réalité et fiction

Les glucides font-ils grossir ?

Les chercheurs qui ont abordé les questions de l'alimentation, de la perte de poids, des maladies chroniques ou de la ration d'effort ont démoli le mythe selon lequel le pain et les farineux feraient grossir et devaient être évités. Au contraire, ce sont des aliments pauvres en calories. De plus, pour maigrir sans danger, pour prévenir les maladies et pour réaliser des performances athlétiques, on recommande une ration hyperglucidique.

Le problème posé par la consommation d'aliments très riches en glucides comme le pain, les nouilles ou les pommes de terre, ne vient pas des aliments eux-mêmes, mais de ce qu'on met dessus. Ce mythe sur les farineux devrait laisser la place à une évidence : ce sont le beurre, les sauces, la crème et les préparations qu'on ajoute aux glucides qui font grossir. Les aliments riches en graisses le sont aussi en calories. En remplaçant le beurre et la crème par des variantes allégées, on peut se débarrasser de l'essentiel des suppléments caloriques et hyperlipidiques qui accompagnent les aliments glucidiques, maigres et peu énergétiques.

alimentaires. Donnez des indications de portion aussi précises que vous le pourrez. Utilisez une table de composition, un ouvrage ou un logiciel pour vous aider dans le calcul de vos apports nutritionnels et caloriques.

Tableau 1.1. Recueil alimentaire durant trois jours.

Aliment	Portion	Protéines (g)	Glucides (g)	Lipides (g)
1er jour				
Total				
2e jour				
Total				
3e jour				
Total				

Nutrition de l'effort : réalité et fiction

Les aliments « bio » sont-ils meilleurs pour vous ?

Compte tenu du gros volume d'aliments que les culturistes doivent avaler, on comprend que certains en viennent à opter pour des aliments « bio ». Ils évitent ainsi les additifs, pesticides et engrais ajoutés à beaucoup de denrées. Y a-t-il un avantage à acheter des produits « bio » ?

En général, ceux-ci ont poussé sur des sols n'ayant reçu que des engrais organiques plutôt que des engrais synthétiques, et traités uniquement avec des pesticides non organiques. Les fermes biologiques utilisent un programme qui promeut des plantes saines et des sols naturels, incluant notamment les rotations et la culture intégrée. Aux États-Unis, chaque État définit sa propre réglementation de l'agriculture organique et chacun diffère dans la mise en application et le mode de surveillance de cette agriculture. Tous les États n'ont d'ailleurs pas institué de programme d'agriculture « bio » ni proposé de définition réglementaire. En 1990, le Congrès a voté une loi définissant une norme fédérale pour les méthodes d'agriculture « bio ». Elle aurait dû entrer en application en 1997.

Les partisans des aliments « bio » affirment qu'ils sont plus nutritifs, et que leur consommation expose à de moindres risques pour la santé, puisqu'ils n'ont pas subi de traitement aux pesticides. En général, cet argument ne tient pas la route. Certaines études menées aux États-Unis révèlent que les produits « bio » renferment les pesticides à des taux similaires à ceux mesurés dans des denrées conventionnelles. Même lorsque les plantes « bio » sont cultivées conformément aux normes, la contamination par l'écoulement d'eaux polluées, par des mouvements de terrain ou par des pesticides volatils peut aboutir à la présence de ces contaminants dans les aliments.

Aux États-Unis, la valeur nutritionnelle des aliments « bio » n'est pas supérieure à celle des denrées traditionnelles [2]. Les nutriments délivrés par les sols fertilisés sans engrais chimique n'y diffèrent pas de ceux apportés par des plantes de culture conventionnelle. Le patrimoine génétique de la plante déterminera aussi la composition et les besoins nutritionnels du végétal. La question de la fraîcheur des produits « bio » américains se pose également ; dans beaucoup d'États, on n'a pas mis en place un système efficace de production, de distribution et de vente au détail pour ces produits. La lenteur de leur acheminement du champ vers le marché peut faciliter leur flétrissure et la perte de nutriments.

Les produits issus de l'agriculture biologique coûtent plus cher que leurs homologues conventionnels. Cet écart peut être significatif selon les fluctuations de l'offre et de la demande.

Selon Miles McEvoy, responsable du programme de promotion de l'agriculture biologique pour le Département de l'agriculture de l'État de Washington, les produits « bio » ne sont ni meilleurs ni plus sains. La raison pour laquelle il promeut néanmoins l'agriculture bio est « *qu'il s'agit d'une manière de produire des végétaux beaucoup plus douce pour l'environnement.* »

Ces méthodes sont effectivement moins néfastes que les plus traditionnelles. L'emploi de produits naturels améliore l'état du sol. La lutte contre

---

(2) Note du traducteur : en France, les analyses se révèlent plus concluantes, montrant un effet favorable de l'agriculture « bio », tant en ce qui concerne la teneur en contaminants que la richesse minérale.

les parasites repose en général sur des mesures préventives telles que la rotation des cultures et les contrôles biologiques. Ces méthodes agressent peu, sinon pas du tout, la terre ou la faune qui y vit.

Finalement, le choix ne dépend que de vous. Acquérir des produits « bio » n'est pas seulement une question de nutrition, mais il s'agit aussi d'un problème économique et politique. D'un point de vue nutritionnel, il est vraiment important de manger une grande variété d'aliments pour s'assurer une ration équilibrée. Cela permet aussi de réduire le risque de contamination par les pesticides. De plus, en dépit de l'emploi de ces derniers en agriculture, les populations ingérant de grandes quantités de fruits et de légumes frais présentent de plus faibles taux de cancer que celles en mangeant moins.

Vous paierez plus cher les produits « bio », c'est pourquoi, si vos revenus sont modestes, il vaudra mieux acheter des produits conventionnels et suivre quelques conseils qui vous permettront de réduire votre ingestion de pesticides :

- Lavez les végétaux frais à l'eau. Utiliser une brosse et rincez parfaitement les plantes à l'eau du robinet.
- Pelez les oranges ou les pamplemousses avec un couteau. Ne mordez pas dans leur peau.
- Enlevez les feuilles extérieures des légumes tels que le chou ou la laitue.
- Pelez les fruits et les légumes enduits de cire (pommes, pêches, coings), car elle ne part pas à l'eau et peut fixer des résidus de pesticides.
- Pelez des végétaux comme les carottes ou les pommes quand c'est nécessaire. Cette opération élimine les pesticides qui resteraient dans ou sur la peau, mais également des fibres, des vitamines et des minéraux.

2

Les protéines ou comment fabriquer du muscle

Dans votre corps, un merveilleux processus d'auto-réparation prend place jour après jour. Il ne concerne que les protéines, ces nutriments responsables du développement et de l'entretien des tissus corporels. Elles sont présentes partout dans votre corps, dans les muscles, les os, le tissu conjonctif, les vaisseaux sanguins, les cellules du sang, la peau, les cheveux ou les ongles. Ces protéines font l'objet d'une destruction constante, normale et physiologique, qui nécessite qu'on les remplace. On estime, par exemple, qu'environ la moitié de la quantité totale de protéines présentes dans le muscle est renouvelée en 150 jours.

Le déroulement de ce mécanisme de renouvellement est très étonnant : lors de la digestion, les protéines alimentaires sont démantelées par d'autres protéines (les enzymes), en sous-unités nommées « acides aminés ». Sous cette forme, les acides aminés peuvent pénétrer dans les cellules où d'autres enzymes, qui agissent sur instruction de l'ADN, les assemblent pour former les protéines nécessaires à la formation et à la réparation des tissus. Aucun autre système au monde ne se répare aussi merveilleusement. Chaque jour, il se renouvelle et la vie continue.

Dans toutes les étapes de croissance (enfance, grossesse, développement musculaire), le corps élabore plus de protéines qu'il en perd. À partir de sources d'énergie telles que les glucides ou les graisses, il peut fabriquer la plupart des matériaux requis pour former de nouvelles cellules. Mais pour remplacer les protéines et en former de nouvelles, il lui faut en trouver dans les aliments. Contrairement aux graisses ou aux glucides, les protéines renferment en effet de l'azote, indispensable à ces synthèses.

De ce fait les protéines sont absolument indispensables au maintien, au remplacement et à la croissance des tissus corporels. Mais là ne se limite pas leur utilisation : elles servent aussi à élaborer les hormones qui règlent notre métabolisme, maintiennent l'équilibre hydrique corporel, protègent des maladies, transportent les nutriments de part et d'autre de la cellule, véhiculent l'oxygène, et contrôlent la coagulation.

LES PROTÉINES ET LA PRISE DE MASSE

Les protéines jouent l'un des premiers rôles dans la réparation et la construction du tissu musculaire après un exercice. En levant des poids, vous obligez vos muscles à s'allonger alors qu'ils cherchent à se contracter. Cette action provoque des atteintes microscopiques dans vos fibres musculaires (en relation avec la sensation de douleur survenant 24 à 48 heures après la séance). En réponse, votre organisme rend vos fibres plus grosses et plus fortes, pour résister à de telles agressions.

Les matériaux de construction servant à ce processus proviennent d'abord des protéines alimentaires, qui sont scindées en acides aminés lors de la digestion. Comme nous l'avons expliqué précédemment, ces acides aminés passent dans le sang et sont acheminés vers les cellules où ils sont utilisés à la synthèse de nouvelles protéines corporelles. Vos fibres les utilisent pour s'enrichir en protéines musculaires. On distingue deux grands types de protéines musculaires, l'actine et la myosine. Lors de la contraction musculaire, ces molécules glissent l'une sur l'autre comme les deux pièces d'un télescope. Cela accroît le diamètre des fibres et les rend plus fortes, leurs contractions seront ainsi plus puissantes.

LES PROTÉINES ET LES PERFORMANCES EN MUSCULATION

Il semblerait que plus vous fournissez de matériaux de construction (les protéines) à votre organisme, et plus vous fabriquez de muscles. C'est en tout cas le mode de raisonnement qu'ont adopté des générations de culturistes. Mais cela ne se passe pas ainsi. En d'autres termes, ce n'est pas en doublant l'apport protéique que vous doublerez votre volume musculaire. De plus, l'un des problèmes posés par l'excès de protéines, c'est qu'elles peuvent se stocker sous forme de graisses.

Pour construire du muscle, vous devez présenter un équilibre azoté positif. En effet, les déchets azotés quittent l'organisme dans les urines, et cet azote perdu doit être remplacé par celui fourni par les aliments. Les protéines en contiennent une forte concentration. En général, les adultes en bonne santé se trouvent en équilibre azoté (balance nulle) : les apports alimentaires couvrent les besoins protéiques. Un équilibre azoté positif signifie que l'organisme retient des protéines alimentaires et s'en sert pour élaborer de nouveaux tissus. Si on en excrète plus que l'on en a ingéré, la balance azotée est négative : l'organisme a perdu de l'azote, c'est-à-dire des protéines. La persistance de cet état représente un danger, car elle conduit à la fonte musculaire et à la maladie.

Pour obtenir une balance azotée positive, il ne faudra pas forcément que vous ingériez plus de protéines. Les fibres musculaires prélèvent exactement la quantité de nutriments, notamment d'acides aminés fournis par les protéines alimentaires, nécessaires à leur développement. L'entraînement de la force les aide à mieux utiliser les protéines disponibles.

Ce fait a été clairement démontré en 1995 par une équipe de chercheurs de l'université de Tufts. Ils prirent un groupe d'hommes et de femmes âgés (de 56 à 80 ans), n'ayant jamais pratiqué de musculation auparavant, et les mirent soit sous un régime pauvre en protéines, soit sous un régime deux fois plus riche en protéines. Ils mesurèrent l'équilibre azoté avant puis après un programme d'entraînement de douze semaines. La quantité des apports du premier groupe correspondait en fait aux ARQ (0,8 g/kg/j). Ces chercheurs voulaient savoir quels effets chacun de ces régimes exerçait sur l'équilibre azoté au cours de ce programme.

Ils firent d'intéressantes découvertes. En effet, le cycle de musculation avait amélioré la rétention azotée dans les deux groupes. En d'autres termes, il avait permis aux protéines d'être retenues et utilisées à l'élaboration de nouveaux tissus. Toutefois, dans le groupe dont les apports étaient les plus faibles, leur utilisation était meilleure : l'entraînement avait poussé l'organisme à s'adapter pour satisfaire les besoins en protéines, même si le strict minimum était quotidiennement fourni. Ceci montre de quelle magnifique manière l'organisme s'adapte à ce qui est disponible, et comment l'entraînement de la force améliore, dans les fibres musculaires, l'efficacité de l'utilisation des protéines en vue de synthèse.

Alors finalement combien de protéines faut-il manger pour obtenir des performances maximales ? Cette question a fait l'objet de vifs débats scientifiques depuis plus d'un siècle, les athlètes en parlant, pour leur part, depuis l'époque des Grecs anciens. Plusieurs raisons expliquent les difficultés rencontrées pour établir un consensus scientifique sur ce sujet. Il faut tenir compte du type d'exercice accompli et de la fréquence des séances. Dans les sports d'endurance, par exemple, les protéines peuvent servir de carburant d'appoint, les acides aminés fournissant l'énergie. Dans ces conditions, si peu de protéines sont disponibles, l'athlète s'épuise rapidement. Dans les sports de force, des protéines alimentaires additionnelles sont nécessaires afin de fournir assez d'acides aminés pour la synthèse protéique.

Durant des générations, les culturistes ont pensé que les protéines étaient la panacée de la prise de masse. Existe-t-il des bases scientifiques à cette croyance ? C'est possible. Certains travaux récents prouvent que, en tant que culturiste, vous pouvez tirer profit d'un apport protéique supplémentaire. C'est en tout cas l'avis scientifique le plus récent sur ce sujet.

Les protéines profitent aux culturistes plus âgés

C'est un secret de Polichinelle : avec l'âge, on perd de la masse musculaire, de la force, des aptitudes, en partie à cause de l'inactivité. La musculation permet de remonter cette mauvaise pente. L'une après l'autre, plusieurs études ont montré que l'on peut gagner de la masse, même en étant nonagénaire, pourvu que l'on s'entraîne.

La recherche scientifique montre aujourd'hui que les vétérans peuvent tirer un bénéfice significatif d'un supplément de protéines. À l'université de Tufts, une étude a été faite en donnant un tel supplément à des culturistes âgés, alors qu'un groupe témoin en était privé. Résultat ? En se basant sur des méthodes d'exploration par imagerie, on put alors noter que le groupe supplémenté avait gagné plus de masse que l'autre.

Les protéines profitent aussi aux culturistes plus jeunes

Mais qu'en est-il si vous n'avez pas encore atteint l'âge d'or ? Tirez-vous le même

L'entraînement de la force aide à renverser les effets du vieillissement

bénéfice d'un surplus de protéines ? Une étude l'affirme. Deux groupes de jeunes culturistes, soumis au même programme d'entraînement de quatre semaines, ont suivi deux régimes identiques, sauf sur un point : l'un recevait 2,3 g de protéines par kg et par jour, contre 1,3 pour l'autre. À la fin de l'étude les deux groupes gagnèrent de la masse. Mais ceux qui avaient reçu la plus haute dose de protéines avaient gagné cinq fois plus de muscle !

Quelle dose maximale ingérer ?

À l'université du Kentucky, des scientifiques formèrent trois groupes de culturistes :

1. Le premier recevant une ration comportant 0,9 g de protéines par kg de poids et par jour.
2. Un second ingérant 1,4 g/kg/j.
3. Le dernier avec un apport protéique de 2,4 g/kg/j.

Des groupes témoins furent aussi formés, l'un constitué de sédentaires, l'autre de culturistes.

Deux données captivantes se dégagent de cette étude. D'une part, en élevant l'apport protéique à 1,4 g/kg/j, on déclenche, chez ces culturistes, la synthèse protéique (indice du développement musculaire). On n'observe pas de tels changements dans le premier groupe. D'autre part, en augmentant l'apport protéique de 1,4 à 2,4 g/kg/j, on n'active pas plus les synthèses protéiques. Ceci suggère qu'un palier est atteint, indiquant qu'avec un apport de 2,4 g/kg/j, ces sujets ont reçu plus de protéines que ce qu'ils pouvaient utiliser.

Les recherches semblent indiquer que si vous entraînez votre force et que vous ingérez plus de protéines, vous allez améliorer votre développement musculaire. Cela signifie-t-il pour autant qu'il faut empiler les parts de protéines dans votre assiette ? Pas nécessairement. On doit interpréter ces études avec beaucoup de prudence. Discutons plutôt de la quantité de protéines dont vous avez vraiment besoin en tenant compte de votre activité.

Vos besoins individuels

En tant que culturiste ou qu'adepte de la musculation, il vous faut effectivement plus de protéines qu'une personne moins active. En fait, vos besoins sont supérieurs aux habituels ARQ (0,8 g/kg/j), qui sont calculés sur les besoins de sédentaires. Mais ils ne les dépassent pas de beaucoup (n'oubliez pas que le bon fonctionnement de votre organisme correspond à des apports protéiques qui satisfont les ARQ). En outre, les besoins individuels varient, selon que vous êtes en phase de développement musculaire, que vous entrepreniez un travail aérobie régulier, ou que vous suiviez un régime en vue d'une compétition. Voyons cela de plus près…

Pour gagner du muscle

À mesure que vous augmentez l'intensité de l'entraînement, il vous faut un surcroît de protéines pour soutenir le développement musculaire et l'augmentation du taux de certains constituants sanguins. M'inspirant des plus récentes études menées auprès de culturistes, je vous recommande d'ingérer 1,6 g de protéines par kg de poids et par jour. Voici comment calculer votre ration si vous pesez 68 kg :

$$1,6 \text{ g/kg/j de protéines} \times 68 \text{ kg}$$
$$= 109 \text{ g de protéines par jour.}$$

Êtes-vous un nouveau venu au culturisme ? Dans ce cas, il vous faudra une consommation de protéines supérieure à celle d'un culturiste plus expérimenté, soit 40 % en plus. Les végétariens qui n'absorbent aucun produit animal devraient, quant à eux, ingérer 2 g de protéines par kg de poids et par jour, de façon à s'assurer que leur ration délivre tous les acides aminés nécessaires.

Il vous en faut aussi si vous faites des exercices

En moyenne, la plupart des culturistes et des haltérophiles effectuent une à deux heures de musculation intensive par jour, auxquelles s'ajoutent au moins cinq heures hebdomadaires d'exercices aérobies. Si vous entrez dans cette catégorie, vos besoins protéiques sont encore plus élevés. Voici pourquoi : lors d'exercices aérobies de 60 à 90 min, certains acides aminés — les ramifiés — sont utilisés pour fournir un peu d'énergie, notamment lorsque l'organisme ne brûle plus de glucides, son carburant préféré. L'un de ces acides aminés, la leucine, est dégradé pour en donner un autre, l'alanine qui est converti en glucose dans le foie, afin de fournir de l'énergie. Plus votre exercice aérobie est dur, et plus vous utilisez la leucine comme carburant d'appoint. L'un de ces acides aminés, la « leucine », est dégradé pour en donner un autre, « l'alanine », qui est converti en glucose dans le foie afin de fournir de l'énergie. Plus votre exercice aérobie est dur, plus vous utilisez la leucine comme carburant d'appoint

Compte tenu de cette utilisation particulière, il vous faut accroître votre apport de protéines si votre programme d'entraînement englobe des efforts aérobies. Vous pouvez avoir besoin d'au moins 1,8 g/kg/j de protéines. D'après l'exemple ci-dessus, vous pouvez calculer vos besoins comme suit :

$$1,8 \text{ g/kg/j de protéines} \times 68 \text{ kg}$$
$$= 123 \text{ g/j de protéines.}$$

Dans le régime d'avant-compétition

Quand vous diminuez l'apport calorique pour vous affiner avant une compétition, vous risquez, en plus des graisses, de perdre de la masse musculaire. Le muscle constitue le tissu au métabolisme le plus actif. Aussi, en perdant ce tissu, on compromet l'aptitude à brûler des graisses. Qui plus est, aucun culturiste n'entend perdre de la masse musculaire avant une compétition. L'une des façons de prévenir cette fonte musculaire d'origine alimentaire consiste à consommer une quantité adéquate de protéines lorsqu'on prépare une échéance. Dans ce contexte, les culturistes ont besoin de 1,8 à 2 g de protéines par kg de poids et par jour. Un exemple :

$$2 \text{ g/kg/j de protéines} \times 68 \text{ kg}$$
$$= 136 \text{ g de protéines/j.}$$

MÉFIEZ-VOUS DES RATIONS HYPERPROTEINÉES

Les régimes hyperprotéinés promettant une perte de poids rapide continuent à faire rage. Ces diètes recommandent le bœuf, le poulet, le poisson et les œufs, en insistant très peu sur d'autres aliments tels que les végétaux ou les légumes secs.

Qu'est-ce qui ne va pas dans ces régimes ? Pour commencer, ils sont souvent riches en lipides. Les protéines animales sont en effet fréquemment couplées à de grandes quantités de graisses saturées et de cholestérol. Un excès de lipides peut vous faire prendre du poids et endommager votre cœur.

Ensuite, les régimes hyperprotéinés sont souvent également pauvres en fibres. En l'absence d'un volume suffisant de selles, votre transit digestif se ralentit et conduit à la constipation, à la diverticulose et à d'autres troubles intestinaux.

Ajoutant un mal à un autre, les rations hyperprotéinées peuvent aussi chasser le calcium de l'organisme. Elles majorent en effet les pertes calciques urinaires. À l'échelle d'une vie, ce processus peut se révéler néfaste, notamment pour les femmes qui ont besoin d'apports calciques optimaux pour se protéger de l'ostéoporose, affection provoquant un amincissement de l'os.

Il y a pire encore : la surcharge en protéines agresse les reins. Ces organes transforment les déchets azotés élaborés par le métabolisme protéique. Un système surchargé en protéines affecte leur aptitude à éliminer convenablement ces toxines, ce qui pourrait constituer une étape menant à l'insuffisance rénale.

Les rations riches en protéines tendent également à déshydrater. Au cours de la première semaine de régime, vous pouvez perdre plus ou moins de kg selon votre poids initial et votre adiposité. Vous montez sur la balance, vous constatez une émoustillante perte de poids et vous vous sentez vraiment bien. Mais l'eau constitue l'essentiel de cette perte, ce qui peut avoir pour effet de vous déshydrater fortement. C'est le début des problèmes. Un simple déficit de 1,2 l d'eau chez une personne de 60 kg peut la laisser comme assommée et sévèrement altérer ses performances. Dès l'instant où vous abandonnez ce régime et où vous ingérez de nouveau des glucides, votre organisme récupère l'eau que vous aviez perdue en maigrissant.

En clair, votre objectif ne devrait pas se limiter aux protéines, mais porter plutôt sur l'équilibre nutritionnel. En fait, les protéines devraient correspondre à environ 15 % de votre apport calorique journalier. Dans le chapitre 10, vous apprendrez comment élaborer votre propre plan alimentaire, celui qui contient la quantité correcte de protéines, de glucides et de lipides pour vous aider à construire du muscle et à rester mince.

LA VIANDE ROUGE

La viande rouge constitue-t-elle une bonne source de protéines pour les culturistes ? Oui. Mais il se peut que vous vous en soyez éloigné par le passé parce qu'elle tend à être très riche en graisses et en cholestérol. Pourtant, c'est une bonne source de protéines, ainsi que de fer et de zinc.

Le fer est indispensable à l'élaboration de l'hémoglobine (qui transporte l'oxygène des poumons aux tissus), et de la myoglobine, autre transporteur d'oxygène localisé uniquement dans le tissu musculaire. Le fer de la viande rouge et des autres chairs animales est qualifié d'héminique. L'organisme l'assimile mieux que celui tiré des végétaux, qualifié de « non héminique ».

Le zinc est un minéral aux nombreux pouvoirs. Figurant parmi les minéraux les plus largement distribués dans l'organisme, il facilite l'assimilation des vitamines, en particulier celles du groupe B. Il intervient également dans la digestion et est indispensable à la croissance. Comme le fer, le zinc d'origine animale est mieux assimilé que le zinc tiré des végétaux. On doit reconnaître à la viande plusieurs atouts. L'idéal consiste à contrôler la quantité de graisses que vous en tirez. Voici comment :

1- *La taille de la portion.* Servez-vous avec modération : 100 g de bœuf maigre délivrent tout juste 8,4 g de lipides. Une telle part correspond à la taille d'un steak haché cuit. Cela représente, en poids cru, 115 g de viande.
2- *Le choix du morceau.* Certains morceaux sont plus maigres que d'autres. Il s'agit des six morceaux suivants : filet, faux-filet, aloyau, palette, échine et gîte de noix. Pour chacun de ces morceaux, une portion parée et cuite de 100 g contient moins de 8,6 g de lipides, et en dessous de 77 mg de cholestérol et de 180 calories.
   Le bœuf est également classé selon son taux de matières grasses : qualité supérieure, premier choix et sélection (le plus maigre). Quand vous choisissez

La viande rouge est une bonne source de protéines, de zinc et de fer.

votre viande de bœuf, achetez des morceaux maigres bien dégraissés, ou parez-les vous-même chez vous avant cuisson.

Le porc est également une viande dont le taux de MG (matières grasses) est moindre. Les morceaux les plus maigres en sont les cuisses (jambon) et l'échine, dont une part de 100 g cuite et parée contient moins de 9 g de lipides et moins de 180 calories. L'agneau et le veau renferment également moins de graisses que le bœuf. Suivez les mêmes conseils que ci-dessus pour sélectionner les portions les plus maigres.

3- *La préparation*. Afin qu'un morceau maigre soit, après cuisson, toujours maigre et délicieux, il faut s'en occuper et le préparer convenablement. Puisque ces morceaux maigres renferment moins de graisses (qui en conservent l'humidité et leur donnent leur jus), le mode de préparation est important. Les morceaux les plus tendres, comme l'échine, peuvent être grillés ou rôtis et immédiatement servis. Attention au temps de cuisson.

Les morceaux moins tendres, comme la palette, peuvent être marinés pour les attendrir. Du fait que c'est l'acidité de la marinade (vinaigre, jus de citron, vin rouge) qui agit, on peut remplacer l'huile par de l'eau sans altérer le processus. Pour améliorer la tendreté des rôtis, on peut les découper diagonalement en tranches fines, et si possible à rebours.

RESTER MUSCLÉ,
MÊME SANS MANGER DE VIANDE

Pouvez-vous être végétarien et fabriquer du muscle quand même ? Absolument, du moment que vous élaborez convenablement votre ration. L'idéal consiste à mélanger et combiner les aliments de façon à obtenir chaque jour un parfait équilibre en acides aminés.

On peut considérer que les acides aminés sont comme le personnel d'une entreprise de construction, où chacun occupe une fonction précise. Si un seul d'entre eux manque à l'appel, le travail ne peut pas être achevé. La même chose se passe avec les acides aminés.

On compte vingt acides aminés, qui sont liés selon des combinaisons très variées afin de construire les protéines requises pour la croissance et la réparation des tissus. Pour que votre organisme fabrique des protéines, tous vos acides aminés doivent se trouver sur le chantier. Si un seul fait défaut ou apparaît à un taux insuffisant, la construction des protéines s'interrompt.

Parmi ces vingt acides aminés, neuf ne peuvent pas être élaborés par le corps, on doit donc absolument les trouver dans la ration. On les nomme acides aminés « essentiels ». Les onze autres, que notre corps peut fabriquer, sont qualifiés de « non essentiels ». Votre corps les élabore à partir des glucides et de l'azote et par transformation chimique des acides aminés essentiels et non essentiels, dont la liste figure dans le tableau 2.1. Les aliments qui renferment tous les acides ami-

Tableau 2.1 Acides aminés essentiels et non essentiels.

Acides aminés essentiels	Acides aminés non essentiels
Leucine	Alanine
Isoleucine	Arginine
Valine	Asparagine
Lysine	Acide aspartique
Méthionine	Cystéine (cystine)
Tryptophane	Acide glutamique
Phénylalanine	Glutamine
Thréonine	Glycine
Histidine	Proline
	Sérine
	Tyrosine

nés essentiels sont des sources de protéines de « bonne qualité ». Il s'agit des protéines contenues dans les laitages, les œufs, la viande, la volaille, le poisson, et toute autre source d'origine animale. Diverses sources d'origine végétale délivrent des protéines incomplètes, auxquelles manquent un ou plusieurs acides aminés essentiels. Celui qui manque ou apparaît en quantité insuffisante est qualifié de « limitant ».

Pour obtenir une quantité suffisante de protéines à partir d'un régime végétarien, il faut sélectionner des sources protéiques qui se complètent par leurs acides aminés limitants. En d'autres termes, mélangez et assortissez vos aliments au cours de la journée de manière à ce qu'une denrée déficitaire en un acide aminé essentiel soit compensée par une autre qui renferme cet élément à un taux supérieur. Par exemple, les céréales contiennent une quantité limitée de lysine, mais davantage de méthionine. Les légumes secs, comme les lentilles, les haricots secs ou les haricots rouges, sont riches en lysine mais pauvres en méthionine. Ainsi, en combinant les uns aux autres, vous créez un plat complet en acides aminés. Le soja constitue une exception, il est considéré comme une protéine complète. Ci-dessous figurent des complémentations équilibrées sur le plan nutritionnel :

- Riz et haricots
- Maïs et haricots
- Maïs et haricots beurre
- Tortillas de maïs et haricots sautés
- Pâtes et soupe de pois
- Pousses de soja et céréales

Si vous êtes végétarien et avez choisi de consommer des œufs et des laitages, nul besoin de vous soucier des complémentations. En effet les protéines de ces sous-produits animaux contiennent tous les acides aminés essentiels nécessaires à la

Profil d'un champion

J'ai travaillé une fois avec un basketteur professionnel qui, pour des raisons philosophiques, était lacto-végétarien, ce qui signifie qu'il ne mangeait aucun produit animal hormis les œufs et les laitages. Très déterminé, il voulait savoir comment se tenir à son végétarisme en déplacement ou chez lui.

De manière imprévisible, son plus gros problème ne concernait pas les protéines. Il en avalait beaucoup grâce aux laitages. Mais il n'ingérait pas assez de fer, de sélénium ni de zinc, minéraux qui abondent dans les chairs. Son alimentation était également très riche en lipides, du fait qu'il mangeait beaucoup de lasagnes végétariennes riches en fromage.

Pour résoudre le problème des minéraux, il commença à prendre un complément contenant tous les minéraux qui lui manquaient à un taux équivalent aux ARQ. Il se mit à boire un ou deux aliments liquides après les entraînements, dans lesquels il trouvait des nutriments supplémentaires et qui convenaient parfaitement à un régime végétarien.

Avec mon aide, il découvrit de nouvelles recettes allégées en lipides, comme le chili végétarien, qu'il pouvait emballer pour les déplacements et consommer au souper lorsqu'il disposait d'un four à micro-ondes à l'hôtel. Il emmena également des fruits secs pour les trajets. Constituant un en-cas consommable partout, ces aliments sont un concentré de calories.

Chez lui, il pouvait varier son alimentation, utilisant des produits de base du végétarisme comme le tofu, les haricots, le riz et le beurre de cacahuète. En diversifiant sa ration, il pouvait emmagasiner beaucoup de calories, à la fois pour ses entraînements et pour ses matches. Et ce qui compte autant, il apprit qu'il pouvait rester un végétarien pur et dur, en accord avec ses convictions.

---

croissance de vos tissus, leur réparation et leur maintien. Attention cependant : les laitages peuvent être riches en lipides. Alors choisissez-les pauvres en graisses, comme le lait écrémé, le fromage blanc ou les yaourts à 0 %. Quant aux œufs, limitez-vous à trois ou quatre jaunes par semaine. De toute façon, l'essentiel de leurs protéines se trouve dans le blanc.

Nutriments à risque pour les culturistes végétariens

Que vous incluiez ou non de la viande à votre régime est une question de choix personnel. Si vous décidez de vous en passer, planifiez alors correctement votre ration de façon à éviter certains risques de déficit nutritionnel, en l'occurrence ceux en fer, en zinc et en vitamine B12. Ces carences peuvent affecter vos performances athlétiques. Voici quelques tuyaux pour les éviter si vous êtes végétarien.

Intégrez suffisamment de protéines dans votre ration

Un défi posé aux culturistes végétariens est de trouver dans la ration les 1,6 g de protéines par kg de poids, requis quotidiennement pour soutenir le développement musculaire. Vous pouvez y parvenir en incluant beaucoup de laitages allégés et de sources végétales riches en protéines à votre ration. Si vous êtes un pur végétalien (excluant tout produit d'origine animale), portez votre ration protéique à 2 g/kg/j.

Incorporez des sources de fer héminique à votre ration

Comme on l'a vu, toutes les sortes de protéines animales renferment du fer héminique, celui qui constitue la forme la mieux assimilée. Si vous êtes semi-végétarien — c'est-à-dire que vous mangez encore du poisson ou de la volaille, mais pas de viande rouge — vous avez de la chance, car ces aliments renferment ce bon fer.

Faites attention au facteur « VPV »

La viande, le poisson et la volaille (VPV) possèdent également une qualité particulière qu'on appelle le « facteur VPV », qui aide votre corps à assimiler plus de fer non héminique. Quand les végétaux et la viande sont consommés au même repas, on absorbe plus de fer non héminique à partir des légumes que si on les avait mangés seuls. Si vous êtes semi-végétarien, votre organisme retiendra davantage de fer à partir des végétaux.

Incorporez des sources de vitamine C

Les fruits, les légumes et les autres aliments renfermant de la vitamine C aident l'organisme à mieux assimiler le fer non héminique. Par exemple, si vous mangez des agrumes avec des céréales enrichies en fer, vous assimilerez plus de fer à partir de celles-ci que si vous les aviez mangés seules.

Prenez garde aux carences en vitamine B12

La vitamine B12 est l'un des nutriments importants qui font le plus couramment défaut dans l'alimentation des végétariens. C'est parce qu'on ne la trouve que dans les produits animaux. Heureusement, notre organisme ne présente que de faibles besoins quotidiens (les ARQ sont de l'ordre de 1 μg pour les adultes) en cette vitamine qui participe à l'élaboration des globules rouges et des neurones. Malgré cela son déficit s'avère grave, pouvant potentiellement causer des dommages cérébraux irréversibles.

Les aliments fermentés, comme les dérivés du soja : le miso et le tempeh, fournissent un peu de vitamine B12 grâce aux bactéries qui produisent la fermentation [1]. Mais en général, cela ne suffit pas. Les végétaliens devraient donc consommer des aliments enrichis en vitamine B12 ou absorber des compléments pour s'assurer un bon état de santé.

Surveillez les inhibiteurs du fer et du zinc

Certains aliments contiennent des phytates, des oxalates, et d'autres substances qui bloquent l'absorption du fer et du zinc dans les intestins. Le café et le thé (même sans caféine), les céréales complètes, le son, les légumes secs et les épinards constituent quelques exemples de ces denrées inhibitrices. Il vaudrait mieux manger ces aliments avec du fer héminique et des sources de vitamine C, afin d'aider votre corps à assimiler plus de fer et de zinc.

Envisagez une supplémentation en fer ou en zinc

Notre corps n'assimile pas aussi facilement le fer d'origine végétale que celui qui provient des sources animales. Les personnes qui excluent la viande, et notamment les sujets actifs et les femmes en âge de procréer, doivent surveiller leurs apports en ce minéral.

Les chairs animales constituent la principale source de zinc de notre ration. De ce fait, les divers végétariens se trouvent exposés à un risque accru de déficit en zinc.

Même si les compléments nutritionnels ne se substituent pas valablement aux aliments, il peut néanmoins être bon de se supplémenter en fer ou en zinc si on en manque. Un complément, dosé à 100 % des ARQ en fer et en zinc, garantira une bonne protection contre ces déficits gênants.

CONSEILS À PROPOS DES PROTÉINES

Les protéines constituent véritablement les éléments clés pour la fabrication du muscle, et les plus récentes études montrent que les culturistes qui recherchent la prise de masse, sont végétariens, ou pratiquent également des sports d'endurance, présentent des besoins protéiques légèrement accrus. Il ne faut pas non plus se surcharger. De toute façon, votre organisme extraira exactement ce dont il a besoin. En suivant nos recommandations, vous obtiendrez la quantité optimale de protéines requises pour la construction du muscle et le maintien de la force.

(1) Il s'agit d'une opinion communément répandue, mais de récentes publications ont montré que les substances produites lors de la fermentation, très voisines de la vitamine B12, n'en possèdent pas l'activité biologique. Elle ne se retrouve que dans les produits animaux (note du traducteur).

Nutrition de l'effort : réalité et fiction

Les compléments d'acides aminés favorisent-ils la prise de masse ?

Il y a plusieurs années, des chercheurs du Centre de surveillance des maladies ont examiné douze magazines de culturisme connus, et ont trouvé qu'en moyenne chacun d'eux contenait vingt-six publicités pour des substances ergogènes ou facilitant la prise de muscle. Ils dénombrèrent aussi les produits vantés dans ces colonnes (311), notant que 235 ingrédients distincts étaient mentionnés dans quatre-vingt-neuf marques. Le tiers des produits comprenait des acides aminés. Ceux-ci, vendus sous forme libre ou combinés à d'autres compléments sous forme de poudres, sont des suppléments très prisés des culturistes. Du fait qu'ils contiennent beaucoup d'azote, on croit que leur emploi en améliore la rétention. Ce processus est supposé améliorer la synthèse protéique dans les cellules, ce qui conduirait au développement musculaire. On vend certains acides aminés comme des anabolisants « naturels » ou des compléments facilitant le développement musculaire en avançant qu'ils aideraient à améliorer la force et à fabriquer du muscle.

Mais qu'en sait-on vraiment ? Ces affirmations sont-elles fondées ? Les compléments d'acides aminés peuvent-ils être efficaces dans votre cas ? Considérons les faits. Les compléments d'acides aminés vendus aux culturistes et aux athlètes se rangent dans deux catégories : ceux qui stimulent la libération de l'hormone de croissance (abrégée GH, *Growth Hormone*), et ceux qui régénèrent les protéines perdues par les muscles. Il s'agit des acides aminés ramifiés (abrégés en anglais : BCAA). L'essentiel du « tapage » orchestré autour des acides aminés concerne la GH, naturellement produite par le corps dont elle règle la croissance (y compris celle des muscles) entre autres, et facilite la libération des graisses de réserve à des fins énergétiques. Le sommeil, l'entraînement physique et les stress figurent parmi les facteurs qui stimulent la libération de la GH.

Au fil des années, beaucoup d'études cliniques ont été publiées, elles mentionnent que l'injection de grosses quantités d'acides aminés active ce processus. Gardez cependant à l'esprit que des taux de GH élevés ne se traduisent pas forcément par une prise de masse musculaire.

Par ailleurs, on prend les compléments d'acides aminés par voie orale, et non en intraveineuse. Or, ils ne présentent pas les mêmes effets qu'en injection. Dans une série d'expériences, des volontaires prirent de l'arginine et de l'ornithine [2] par voie orale jusqu'à des doses de 20 g/j. On n'ob-

(2) Note du traducteur : l'ornithine est un acide aminé particulier qui n'entre pas dans la structure des protéines mais exerce plusieurs effets physiologiques (dont l'élimination des déchets azotés) en agissant sous forme libre.

serva d'effet significatif que chez moins de 10 % des sujets, ne relevant chez eux qu'une augmentation modeste du taux de GH, même lorsqu'on conjuguait la supplémentation à de la musculation.

Une étude montra à l'inverse, avec succès, qu'une dose orale de 1 200 mg d'arginine pyroglutamate et de 1 200 mg de lysine, prise à jeun, promouvait la sécrétion de GH. Mais aucune prise de masse n'en résultait. Dans un autre travail, on administra de fortes doses d'ornithine pour stimuler la sécrétion de GH. Mais là encore, on n'en tira aucun bénéfice. De plus, tous les participants furent malades à cause de ces apports excessifs.

Si vous dépensez beaucoup d'argent en compléments de lysine et d'arginine dans l'espoir de gagner de la masse, portez votre attention sur ce qui suit. Une simple portion de 90 g de viande rouge maigre contient environ 1 700 mg d'arginine, et 2 200 mg de lysine. Pour en tirer autant des compléments, il vous faudrait avaler vingt gélules !

Comme je l'ai indiqué plus haut, les « ramifiés » (notamment la leucine), peuvent parfois être brûlés, lors d'efforts aérobies, pour fournir de l'énergie. On pourrait en conclure que prendre des ramifiés sous forme de suppléments constitue une bonne idée. Ce n'est pas vraiment le cas [3]. L'intérêt des « ramifiés » comme carburant se limite, pour les culturistes, aux cas où ils mangent trop peu et à ceux où ils n'ingèrent pas assez de glucides (ces derniers évitent au corps de trop consommer de BCAA). En d'autres termes, on doit pouvoir trouver dans sa ration tous les BCAA dont on a quotidiennement besoin pour prévenir la lyse musculaire lors des exercices. Il suffit de :

• 90 g de thon
• 90 g de blanc de poulet
• 200 g de yaourt à 0 %
• un bol de légumes secs cuits

Les recherches scientifiques actuelles ne permettent pas encore de valider les affirmations des distributeurs de suppléments d'acides aminés. De plus, on ignore à quels risques ils exposent leurs clients à long terme. Ces suppléments pourraient également causer des déséquilibres physiologiques susceptibles d'altérer le bon fonctionnement du corps. Dans l'état actuel de nos connaissances, je ne suis pas favorable à leur emploi.

(3) Note du traducteur : maints travaux français et italiens vont à l'encontre de ce point de vue. Ils ont notamment montré que les ramifiés bloquaient la destruction des protéines et activaient la synthèse de nouvelles chaînes dans les muscles après un effort. Ils influeraient également sur le contexte hormonal, le rendant plus propice au développement musculaire (pour plus de précisions sur la validité de cette supplémentation, consulter le *Guide nutritionnel des sports d'endurance*, D. Riché, Éd. Vigot).

Les meilleures protéines disponibles proviennent des aliments. L'une des principales raisons qui l'expliquent tient à l'absorption. Tous les nutriments sont mieux assimilés à partir d'aliments naturels. On y trouve en effet des composés, que les scientifiques ont nommés « facteurs alimentaires », qui aident l'organisme à assimiler et utiliser les nutriments. On ignore encore la nature de la plupart d'entre eux, mais on est sûr qu'ils ne figurent pas dans les compléments.

Quant aux protéines, particulièrement celles d'origine animale, c'est l'un des aliments les mieux assimilés. En effet, des travaux scientifiques ont trouvé que 95 à 99 % d'entre elles sont assimilées et utilisées par l'organisme. Même les portions d'origine végétale présentent un bon rapport, puisqu'il est de l'ordre de 90 %.

Si vous ingérez des protéines d'origines variées (voir le tableau 2.2), vous n'avez nul besoin de compléments d'acides aminés ni de protéines. On trouve 7 g d'acides aminés dans seulement 30 g de poulet. Pour en obtenir autant à partir de compléments, il vous faudrait dépenser pas loin de 120 francs, le prix d'un flacon entier d'acides aminés !

Tableau 2.2. Les bonnes sources de protéines.

Aliments	Portion	Protéines (g)	Calories
Viandes			
• Bœuf maigre bavette grillée	100 g	20	170
• Blanc de poulet rôti (sans os ni peau)	100 g	20	134
• Sole, carrelet, bouilli ou grillé	100 g	18	90
• Dinde	100 g	22	133
Œufs			
• Œufs durs	1	6	78
• Blanc d'œuf cuit	1	4	17
Produits laitiers			
• Fromage	30 g	9	104
• Fromage blanc (20 % MG)	125 g	10	101
• Lait écrémé en poudre	125 g	12	122
• Lait demi-écrémé	250 g	8	102
• Lait écrémé	250 g	8	86
• Yaourt nature à 0 %	200 g	13	155
• Yaourt aux fruits à 0 %	200 g	11	250

Oléagineux			
• Arachides grillées à sec	30 g	7	166
• Beurre de cacahuète	2 c. à soupe	8	190
• Graines de courge grillées à sec	125 g	6	143
• Graines de tournesol grillées à sec et ébrouées	2 c. à soupe	3	93
Dérivés du soja			
• Pousses de soja	125 g	15	149
• Lait de soja	250 g	8	79
• Tofu	125 g	10	94
Légumes riches en protéines			
• Haricots	125 g	8	114
• Pois chiches bouillis	125 g	7	135
• Lentilles bouillies	125 g	9	115
• Haricots rouges	125 g	7	117

3

Les glucides, l'énergie pour les séances intenses

Des flocons d'avoine que vous avalez le matin aux pommes de terre en robe de chambre que vous prenez au dîner, les glucides constituent le principal nutriment énergétique de votre corps. Lors de la digestion, les glucides se scindent en glucose. Celui-ci gagne le sang, d'où son nom de glucose sanguin, puis se rend au cerveau et au système nerveux où il fournit de l'énergie. Si vos neurones manquent de glucose, votre puissance mentale va en souffrir. Comme votre cerveau contrôle vos muscles, vous risquez de vous sentir faible et chancelant.

Les glucides fournissent l'énergie nécessaire à la prise de masse.

© Raymond J. Malace

Le glucose provenant de la dégradation des glucides se transforme également en glycogène, stocké pour un tiers dans le foie et pour deux tiers dans les muscles. Lorsque ceux-ci l'utilisent, ils le scindent à nouveau en glucose, par une série de réactions libérant de l'énergie.

Rien d'étonnant alors à ce que les pâtes, les céréales, les légumes secs, les fruits, les légumes et les boissons énergétiques constituent des aliments de choix pour les athlètes d'endurance, qui saturent leurs réserves de sucres par un régime hyperglucidique afin d'améliorer leurs performances en compétition. Mais les glucides sont autant nécessaires aux culturistes qu'aux athlètes d'endurance.

En effet, le glycogène constitue le principal carburant des muscles en action. Lorsqu'on n'en dispose pas en quantité suffisante, les muscles se fatiguent et semblent lourds. Les glucides constituent donc un nutriment vital au maintien de la puissance mentale et musculaire lors d'un entraînement intensif.

LE MOTEUR DE LA PRISE DE MASSE ET DE LA COMBUSTION DES GRAISSES

De tous les nutriments, les glucides sont donc ceux qui affectent le plus fortement votre niveau d'énergie. Mais ils influent aussi sur les processus de prise de masse et de combustion de graisses. Il faut environ 2 500 calories pour fabriquer seulement 450 g de muscle. C'est beaucoup d'énergie ! Les glucides constituent la meilleure source de cette énergie, à la fois la plus « propre » et la plus disponible pour les cellules. En effet, vos tissus préfèrent brûler les sucres plutôt que les graisses ou les protéines. Étant le carburant préféré de vos tissus, les glucides épargnent les protéines en leur évitant de servir de carburant. Celles-ci sont alors libres d'exercer leur principale fonction : construire et réparer les tissus corporels, notamment dans le muscle.

Les glucides sont également indispensables pour brûler des graisses, dont la combustion s'effectue par des réactions complexes se déroulant à l'intérieur des cellules. Imaginez les lipides comme une bûche sur un foyer prête à s'embraser. Les glucides sont l'allumette qui va permettre l'embrasement des lipides dans les cellules. Pour peu qu'on ne dispose pas d'assez de glucides pour les réactions clés des processus énergétiques, les graisses vont moins brûler.

UNE RATION RICHE EN GLUCIDES POUR L'ENTRAÎNEMENT DE FORCE

Vous pouvez élaborer une ration riche en glucides en utilisant la « pyramide alimentaire », outil pratique développé aux États-Unis par le Département d'État à l'agriculture, et conçu pour aider à réaliser des menus. Il distingue six catégories d'aliments qui sont :

a) le groupe du pain, des céréales, du riz et des pâtes ;
b) celui des légumes ;
c) celui des fruits ;
d) celui des viandes, de la volaille, du poisson, des légumes secs, des œufs et des oléagineux ;
e) celui des laitages ;
f) celui des graisses, des huiles et des sucreries.

La pyramide illustre l'importance relative de chaque groupe d'aliments.

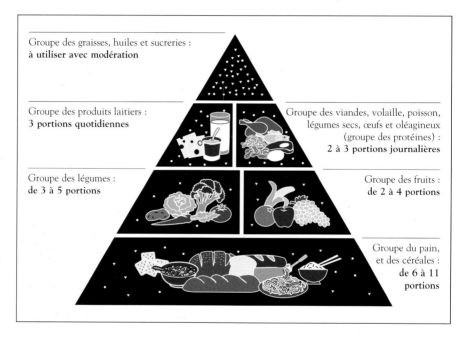

Tous renferment des glucides. Cependant, du fait que les trois premiers en renferment davantage, les aliments qui les contiennent sont privilégiés. Votre sélection quotidienne de glucides devrait inclure une variété de glucides issus de ces groupes, car ces produits sont remplis de fibres, de vitamines, de minéraux, de phytonutriments, et d'autres nutriments bénéfiques à la santé. Voyons cela de plus près.

Pain, céréales, riz et pâtes

Ce groupe d'aliments, tous tirés de graines, constitue la base de la pyramide alimentaire. Il s'agit de ceux dont vous avez quotidiennement besoin pour vous maintenir en bonne santé et prévenir toute maladie. Une ration saine doit en renfermer au moins de six à onze portions quotidiennes. Une portion équivaut à une grosse tranche de pain, à 30 g de céréales prêtes à consommer, ou à une demi-tasse d'une céréale cuite, riz, ou pâtes. Combiné aux fruits et aux légumes, ce groupe d'aliments fournit des glucides complexes, mieux connus sous le nom d'amidons. Les amidons sont aux plantes ce que le glycogène est à notre corps, c'est-à-dire une forme de stockage du glucose qui apporte l'énergie permettant à la plante de pousser. Au niveau moléculaire, l'amidon se présente en fait comme une chaîne constituée de dizaines d'unités de glucose. Les liens qui attachent les chaînes d'amidon entre elles sont rompus par les enzymes digestifs pour donner de simples unités de glucose qui sont alors acheminées vers les cellules.

Les fibres bienveillantes

On trouve également de la cellulose dans le grain entier des aliments riches en glucides complexes. Comme l'amidon, la cellulose est une chaîne ramifiée d'unités de glucose. Mais contrairement à lui, nos enzymes digestives ne l'attaquent pas. La cellulose constitue donc un reste non digéré de nos aliments. Elle traverse notre tube digestif sans subir de modification majeure.

Cette caractéristique donne à la cellulose une place importante dans la nutrition humaine. Il s'agit en effet d'un type de fibres qui fournit du ballast stimulant l'activité de la musculature du tractus digestif. D'abondantes portions de fibres améliorent l'élimination des matières fécales.

Les céréales complètes, outre la cellulose, renferment d'autres sortes de fibres telles que les lignines et les hémi-celluloses, qu'on classe en fonction de leur solubilité dans l'eau. La cellulose, les lignines, et certaines hémi-celluloses y sont insolubles. Elles ne s'y dissolvent pas et donnent du volume aux selles. Elles les alourdissent, ce qui raccourcit la durée du transit des aliments dans les intestins. L'exposition à des agents cancérigènes, présents dans les aliments ou formés lors de la digestion, se trouve ainsi fortement réduite. Les fibres insolubles contribuent à une meilleure régularité du transit intestinal et peuvent sensiblement protéger du cancer du côlon. Les céréales complètes comme le blé, l'orge, le riz, le maïs ou l'avoine représentent de bonnes sources de fibres insolubles.

Les autres fibres, solubles dans l'eau, sont les gommes, les pectines, les mucilages et certaines hémi-celluloses. Elles peuvent abaisser le taux de cholestérol et améliorer la tolérance au glucose, (c'est-à-dire les pics et chutes de la glycémie). Il s'agit également de la catégorie de fibres introduites dans les compléments présentés comme des aides diététiques et des laxatifs. Le son d'avoine et l'orge en constituent de bonnes sources.

Les fibres et la perte de masse grasse

Grâce à leur important contenu en fibres, les céréales complètes, sources de glucides complexes, jouent aussi un rôle dans le contrôle du poids, et cela pour trois raisons. La première, c'est qu'elles demandent plus de temps pour être mangées, créant une sensation de remplissage et de satiété. La seconde réside dans leur propension à abaisser le taux d'insuline, une hormone qui stimule l'appétit. Et la dernière c'est que davantage d'énergie (de calories) est dépensée lors de la digestion et de l'absorption d'aliments riches en fibres. Il existe donc d'évidents bénéfices à adopter une ration riche en fibres si vous essayez de contrôler votre masse grasse et de rester maigre.

Céréales complètes ou raffinées

Alors que les hommes préhistoriques mastiquaient probablement des graines complètes, aujourd'hui nous broyons et réduisons en farine les céréales pour en faciliter la préparation et en améliorer le goût, d'où le terme de céréales « raffinées ». Le meulage subdivise la graine en particules plus petites. Ainsi, le grain du blé complet peut être moulu pour donner de la farine bise, à grains fins, ou même de la farine complète, plus fine encore. Les processus de raffinage éliminent aussi le germe ou la racine, ainsi que le son, cette pellicule qui protège le germe et les parties internes du grain.

Lorsque l'endosperme, couche d'amidon qui protège le germe, est séparé du noyau du maïs, on obtient des produits tels que du gruau ou la farine de maïs. Une autre technique a été mise en œuvre, l'abrasion, pendant laquelle le son de l'orge ou du riz est éliminé et la partie conservée est polie. Cette opération aboutit au riz poli ou à l'orge perlé.

Avec l'élimination de parties du noyau telles le germe ou le son, on perd également les nutriments qu'ils renferment, les fibres, les graisses insaturées, les protéines, le fer et plusieurs vitamines du groupe B. Heureusement, ces trois derniers nutriments sont réintroduits dans les produits céréaliers lors d'un procédé nommé « enrichissement ». Ainsi, les céréales enrichies sont presque aussi nutritives que les graines d'origine. N'ayez donc pas peur de les incorporer dans votre ration. Il leur manque néanmoins les fibres présentes dans les céréales complètes.

En tant que culturiste, vous avez probablement l'habitude de manger beaucoup de flocons d'avoine, de riz et d'autres céréales courantes. Pour diversifier, vous pourriez tenter l'expérience de graines plus exotiques, disponibles en supermarchés. Ainsi le taboulé, plat du Moyen-Orient élaboré avec du boulgour, est une délicieuse salade froide. Pour leur part, les Russes emploient traditionnellement le « kasha », gruau de millet grillé dont ils font des plats chauds ou froids. De l'orge, on tire une soupe roborative, et la semoule en grains sert de base au couscous du Maghreb.

Les fruits et les légumes

On vous le répète depuis l'école primaire : mangez des fruits et des légumes, et vous resterez en bonne santé. De temps à autre, vous avez pu douter de la validité de cet aphorisme pour son côté trop simpliste. Après tout, la santé de l'individu et la science de la nutrition doivent être plus compliquées que cela ! En fait, la science a testé ce conseil d'école, et en a tiré des conclusions pour le moins édifiantes. Pour les résumer, sachez que l'aphorisme que vous avez entendu dans votre enfance n'est pas seulement fondé, mais peut vous sauver la vie : grâce aux acquisitions continuelles de la science, on sait qu'il y a plus de raisons que jamais de se nourrir de beaucoup de végétaux. Outre leur richesse en vitamines, en minéraux et en fibres, ils constituent de précieuses sources de divers nutriments comme :

- les antioxydants : des vitamines et des minéraux tels que les vitamines A, C et E, le bêta-carotène, et le sélénium combattent des substances responsables de la survenue de maladies dans notre organisme (on nomme ces substances les « radicaux libres »). Les antioxydants procurent de réels bénéfices aux culturistes (voir chapitre 6).
- les phytonutriments : il s'agit d'entités chimiques présentes dans les plantes et qui protègent du cancer, des maladies cardiaques et d'autres pathologies.
- les phyto-œstrogènes : il s'agit d'entités chimiques particulières tirées du tofu et d'autres dérivés du soja, capables de protéger de certains cancers, d'abaisser le taux du « mauvais » cholestérol, et de promouvoir la fabrication de l'os.

L'abondance de fruits et de légumes dans votre ration journalière représente un « plus » pour votre bien-être. Pourquoi ? Des chercheurs ont suivi 832 hommes de 45 à 65 ans, dans le cadre de la célèbre étude de Framingham entamée en 1948, qui a porté sur la santé cardio-vasculaire des résidents de cette banlieue de Boston. En augmentant de trois portions la ration quotidienne de fruits et de légumes, le risque d'attaque chutait d'environ 20 %. Ceci confirmait une observation antérieure auprès de femmes : celles qui ingéraient beaucoup d'épinards, de carottes et d'autres fruits et légumes riches en antioxydants présentaient un risque d'attaque abaissé de 54 %.

La consommation de légumes est aussi associée à une moindre survenue d'autres maladies. Dans une étude menée auprès de 120 852 hommes et femmes âgés de 55 à 69 ans, on trouva que ceux qui mangeaient au moins un demi-oignon quotidien réduisaient de moitié le risque de développer un cancer de l'estomac, comparativement à ceux qui ne consommaient pas régulièrement ce légume.

Les tomates et les produits qui en dérivent peuvent prévenir le cancer de la prostate. Dans une étude nutritionnelle financée par l'Institut national de lutte contre le cancer, une équipe a identifié le lycopène (de la famille des caroténoïdes), comme étant le seul en cause dans cette association. La sauce tomate, les tomates, leur jus, et les pizzas en sont les principales sources, et les hommes qui en consomment plus de dix portions par semaine présentent une réduction significative du risque de cancer de la prostate, comparativement à ceux qui se limitent à une portion et demie hebdomadaire. Peut-on espérer le même effet en se bourrant de compléments ? Pas vraiment. De nouvelles études ont montré que des facteurs nutritionnels comme les antioxydants ou les phytonutriments sont plus efficaces si on les tire des aliments au lieu de les absorber sous une forme isolée à partir de comprimés. En d'autres termes, tout complément vitaminique et minéral, ou toute autre forme de supplément ne peuvent pas soutenir la comparaison, sur le plan nutritionnel, avec les aliments conventionnels.

Pour profiter du bénéfice protecteur des fruits et des légumes, il vous faudrait ingérer de trois à cinq portions quotidiennes de légumes et de deux à quatre portions de fruits. Une portion de légumes correspond à une demi-tasse de légumes cuits ou de crudités, à une tasse de légumes à feuilles crus, à une demi-tasse de légumes cuits, et aux trois quarts d'une tasse de jus de légumes. Une portion de fruit correspond à une unité moyenne de fruit cru, à un demi-pamplemousse, à une tranche de melon, à une demi-tasse de baies, à un quart de tasse de fruits secs, et aux trois quarts d'une tasse de jus de fruit.

Le tableau 3.1 présente une liste de glucides qui occupent une place importante dans votre ration de culturiste. Voyons maintenant comment organiser vos repas de façon à y inclure suffisamment de glucides pour parvenir à un meilleur entraînement.

Tableau 3.1. Les bonnes sources de glucides pour les culturistes.

Aliments	Portion	Glucides (g)	Calories
Fruits			
• Pomme	1 moyenne	21	81
• Orange	1 moyenne	15	62
• Banane	1 moyenne	28	109
• Raisins	140 g	29	120
• Abricots secs	60 g	25	107
Légumes			
• Maïs en boîte	125 g	15	66
• Potiron	125 g	10	47
• Pois	125 g	13	67
• Carottes	1 moyenne	7	31
Pain et barres			
• Pain complet	2 tranches (50 g)	26	138
• Pain blanc	2 tranches	27	128
• Muffin anglais	1 unité	26	134

• Muffin maison au son	1 petit	24	164
• Pita à la farine complète	1 unité	35	170
• Barre Granola, dure	1 unité	16	115
• Barre Granola, molle	1 unité	19	126
• Barre Granola allégée	1 unité	29	144
Graines et céréales			
• Raisins et noisettes	60 g	22	97
• Raisins et son	125 g	21	86
• Barre Granola allégée	60 g	19	91
• Flocons d'avoine nature instantanés	1 paquet	18	104
• Flocons d'avoine parfumés instantanés	1 paquet	35	177
• Crème de blé cuite	250 g	27	129
Pâtes et amidon			
• Pommes de terre cuite (avec la peau)	1 grosse	46	201
• Patate douce cuite	250 g	49	206
• Spaghetti cuits	250 g	40	197
• Riz brun cuit	250 g	46	218
• Nouilles cuites	250 g	29	156
Légumes secs			
• Haricots blancs cuits en conserve	250 g	52	236
• Haricots noirs en conserve	250 g	34	200
• Haricots coco surgelés cuits	250 g	35	189
• Lentilles cuites	250 g	40	230
• Pois chiches cuits	250 g	40	220

LES GLUCIDES : EN QUELLE QUANTITÉ, AVEC QUELLE FRÉQUENCE ?

Soyons clairs, il existe de nombreuses raisons justifiant qu'on se charge en glu-cides, notamment en glucides « complexes ». Pour faire face à la demande liée à l'entraînement de force, je vous recommande d'ingérer une ration dont 70 % de l'énergie provient des glucides. Si cette portion contient 2 000 calories, la part des glucides correspond ainsi au moins à 1 400 calories. Il existe de nombreux arguments scientifiques justifiant ma recommandation, dont l'étude qui suit :

- Un groupe de culturistes a consommé une ration modérément riche en protéines et hyperglucidique (les sucres délivraient 70 % des calories).
- Un second groupe a suivi un régime hyperprotéiné et pauvre en glucides, où ceux-ci ne fournissaient que 50 % de l'énergie.

Avant et après chaque régime, les chercheurs ont évalué l'endurance musculaire des jambes de ces sujets, c'est-à-dire l'aptitude de leurs muscles à répéter des contractions sans fatigue. Après avoir suivi le régime hyperglucidique, ceux du premier groupe se montraient plus endurants, alors que ceux du second groupe abandonnaient prématurément. Le message ainsi délivré est clair : une ration dont les glucides fournissent 70 % des calories vous donne l'énergie nécessaire à un travail soutenu et permet de s'entraîner à une intensité supérieure. Et plus vous vous entraînez dur, plus vous fabriquez du muscle et gagnez de la puissance.

Souvent toutefois, les pourcentages des différents nutriments n'expliquent pas tout. Parfois, il vous faut jeter un coup d'œil au nombre de grammes de glucides de la ration journalière. Une étude l'a montré. On a séparé des nageurs en deux groupes. L'un reçut une diète modérément riche en glucides (qui délivraient 43 % des calories). L'autre ingéra une ration hyperglucidique (où les sucres apportaient 80 % de l'énergie). On n'observa aucune différence de performance entre ces deux groupes. Pourquoi donc ? L'une des explications pourrait résider dans le fait que tous les nageurs ingéraient une ration très calorique, atteignant en moyenne de 4 000 à 6 075 calories/j. Ils absorbaient ainsi tous environ 500 g de glucides quotidiens. Or, ceci correspond non seulement à un apport de carburant suffisant à la réalisation de bonnes performances, mais c'est aussi à peu près le maximum de glucides que les muscles peuvent stocker. En effet, à raison de 500 à 600 g/j de glucides, les sites musculaires de stockage du glycogène sont saturés, et n'acceptent plus le moindre surplus. En d'autres termes, il existe une valeur plafond à ce stockage de glycogène. Pensez à un réservoir d'essence. On ne peut y mettre qu'un nombre de litres bien défini. Si vous tentez d'en mettre plus, l'excédent déborde. En fait, dès que votre glycogène musculaire est saturé, le foie transforme le surplus en graisses, qui vont se stocker sous la peau ou en d'autres sites corporels.

La quantité de glycogène que vous pouvez stocker dépend de votre masse musculaire. De la même manière que certains réservoirs sont plus volumineux et reçoivent plus d'essence, certains individus sont plus musculeux que d'autres. Ils peuvent alors stocker plus de glycogène.

Pour vous assurer que vous avalez quotidiennement la quantité de glucides requise, et pas trop, déterminez précisément vos besoins. Vous pouvez procéder de deux façons. D'une part, si vous suivez un régime modérément calorique, votre ingestion de glucides doit correspondre à 70 % du total calorique journalier.

Divisez le nombre de calories par quatre puisque chaque gramme de glucides apporte quatre calories. Dans le cas d'une ration à 3 000 calories/j, 2 100 calories doivent provenir des glucides, ce qui correspond à 525 g (2 100/4) de glucides à ingérer chaque jour. Utilisez une bonne table de composition pour évaluer précisément votre ration glucidique. D'autre part, si vous suivez une ration hypercalorique, votre apport glucidique se détermine à partir de votre poids : il en faut 8 g/kg/j.

Une fois que vous avez porté votre apport de glucides au niveau requis, vous pouvez alors envisager de développer votre musculature. Pour cela, une abondante ingestion de glucides vous fournira l'endurance et l'énergie permettant de pousser plus fort et plus longtemps au cours de meilleurs entraînements.

DES GLUCIDES AVANT ET PENDANT LES SÉANCES

Prendre des glucides avant un entraînement, est-ce une bonne idée ? Cela dépend ; si vous êtes en phase de prise de masse et voulez pousser le plus fort possible, utilisez des glucides avant et durant les séances. Chronologiquement, l'option la meilleure consiste à prendre un repas pauvre en graisses et riche en glucides deux à trois heures avant l'exercice. Et il vous faut évidemment vous assurer que vous restez bien hydraté et que vous buvez de 120 à 250 ml de boisson juste avant de commencer. En suivant ce modèle, vous aurez l'assurance de tirer un avantage énergétique maximal de votre dernier repas, sans percevoir de sensation de lourdeur pendant l'effort.

Si vous recherchez un petit « plus » supplémentaire, essayez de consommer une boisson énergétique juste avant vos séances. Lors d'une étude menée auprès de culturistes, on donna une telle préparation à un groupe juste avant la séance et entre les séries, alors qu'un autre recevait un placebo. L'exercice consistait, pour les deux groupes, à effectuer des extensions de jambes à environ 80 % de leur force maximale, au cours de séries de dix répétitions entrecoupées de pauses. Les chercheurs trouvèrent que le premier groupe surpassait celui sous placebo, accomplissant davantage de séries et de répétitions.

Une autre étude a fourni des résultats similaires. Les athlètes ingéraient soit un placebo, soit une boisson glucidique à 10 %. La prise avait lieu juste avant une séance de musculation constituée de séries de dix répétitions, avec des pauses de trois minutes entre chaque série, puis entre les 5e, 10e et 15e séries. Placés sous glucides (1 g par kg de poids), ils réalisèrent davantage de répétitions (149 contre 129), et de séries (17,1 contre 14,4) que sous placebo. Ce que tout ceci montre clairement, c'est que les glucides vous apportent un surcroît d'énergie lorsque vous les consommez avant et pendant une séance. Et plus vous pouvez vous entraîner dur, plus vous stimulez efficacement le développement musculaire.

Si vous utilisez exclusivement une boisson énergétique au cours d'un long entraînement, vous risquez d'absorber trop de calories. Lorsque je conseille des athlètes, je leur recommande d'alterner les préparations glucidiques et l'eau, surtout pour des sessions de plus d'une heure. De cette façon, leurs boissons énergétiques ne leur fournissent pas trop d'énergie.

Si vous cherchez à perdre du poids, vous avez intérêt à vous abstenir de ces boissons. Voici pourquoi : même si la prise de glucides avant l'effort améliore votre endurance et votre puissance, elle peut empêcher votre organisme de tirer de l'énergie des réserves de graisses. L'intégralité de votre séance — y compris le travail aérobie — peut en effet, dans ces conditions, consommer uniquement des glucides, et ne vous faire, à aucun moment, utiliser des graisses de manière significative. En vous entraînant dans une situation de faible charge glucidique (sans apport préalable), vous pouvez théoriquement forcer votre organisme à commencer à brûler plus de graisses.

Mais il y a un inconvénient ; vous pouvez vous sentir sans énergie. Donc, même si vous choisissez de n'ingérer aucun glucide avant la séance, assurez-vous qu'ils fournissent malgré tout 65 à 70 % du total calorique de votre ration. Des travaux conduits avec des culturistes et d'autres pratiquants des sports de force ont montré de manière indiscutable que les performances et le niveau énergétique pâtis-

Profil d'un champion

Supposez que vous craquiez et fassiez des écarts plus souvent que prévu. Pouvez-vous le faire sans compromettre votre ligne ? Tout à fait. Un bon exemple de cette situation nous est fourni par cette danseuse de 38 ans, qui enseignait également son art et qui, comme beaucoup de culturistes de compétition, devait rester dans une forme physique raisonnable tout au long de l'année. Elle se laissait aller de temps à autre à une pizza ou à des desserts, ce qui ne pose aucun problème si vous ajustez votre apport calorique en conséquence. C'est ce qu'elle faisait en déjeunant d'un repas pauvre en graisses et riche en glucides lorsqu'elle avait prévu de prendre un souper plus gras. De cette manière, le bilan calorique de la journée ne dérivait pas en faveur des lipides.

Elle aimait également les desserts et prévoyait donc ses menus en conséquence. La plupart du temps, elle finissait par des fruits. Tout en satisfaisant son désir de sucré après le repas, cette astuce résolvait deux autres problèmes nutritionnels. D'une part, elle améliorait son apport en fibres ; au moment où je l'avais rencontrée, sa ration n'en délivrait en effet que 4,5 g par jour (contre un apport recommandé de 25 à 35 g). D'autre part, elle relevait son apport glucidique, qui était alors trop faible (52 % de l'apport calorique total), compte tenu de son niveau d'activité.

sent d'une chute des apports glucidiques autour de 50 % du total calorique. Si vous souhaitez plus d'informations sur la façon de régler vos apports glucidiques avant une compétition, reportez-vous au chapitre 9.

Considérez vos objectifs, prise de masse ou perte de graisses, et écoutez votre organisme pour déceler tout signe de fatigue. Ajustez votre apport glucidique en conséquence, selon cet objectif et votre niveau d'apport énergétique.

L'ÉPUISEMENT DES GLUCIDES LORS DES SÉANCES

Lors des séances de musculation, le glycogène est prélevé des réserves pour remplacer l'ATP, ce composé énergétique intracellulaire qui fournit de l'énergie pour la contraction musculaire. Il est dégradé dans les cellules au cours d'une série de réactions chimiques. L'énergie libérée par cette dégradation permet aux fibres d'accomplir leur travail. Lors des séances, le taux de glycogène musculaire baisse progressivement. En fait, vous pouvez en épuiser au moins 26 % lors de sessions de musculation intensives.

Certains d'entre vous pourraient rétorquer que ces 26 % ne représentent pas une chute suffisante pour altérer les performances. Ne sait-on pas, après tout, que dans les sports d'endurance on enregistre des baisses de 40 % ou plus lors des épreuves.

Alors qu'en est-il ? En fait, des recherches ont établi que la déplétion du glycogène est localisée dans les muscles sollicités. Imaginons par exemple qu'aujourd'hui vous travaillez vos jambes. Voici ce qui arrive : durant cette séance, l'épuisement du glycogène survient exclusivement dans les muscles de vos jambes, mais quasiment pas dans vos bras, votre poitrine ni ailleurs. Si des scientifiques mesuraient votre taux de glycogène corporel au terme de cet exercice, ils trouveraient certainement une baisse totale de 26 %. Mais dans vos jambes, l'épuisement serait presque complet. Un entraînement dur et intense épuise le glycogène des seuls muscles ayant travaillé.

RESTAUREZ VOS RÉSERVES APRÈS L'ENTRAÎNEMENT

Après les séances, vous souhaitez voir vos muscles récupérer. La récupération se présente principalement comme le processus de renouvellement des stocks de glycogène. Mieux vous récupérez, plus votre prochain entraînement sera intensif. On distingue en fait trois périodes « critiques » durant lesquelles on doit fournir les glucides aux muscles. Nous les présentons ci-après.

1. Juste après votre séance

Vos muscles se montrent plus enclins à fabriquer de nouveaux stocks de glycogène lors des premières heures qui font suite aux séances. C'est là que l'afflux de sang aux muscles est le plus important, situation au cours de laquelle les cellules musculaires aspirent littéralement le glucose comme une éponge. durant cette période elles se montrent également plus sensibles aux effets de l'insuline. Or celle-ci promeut la synthèse du glycogène. Vous devriez donc absorber des glucides immédiatement après la fin de votre séance. Mais la question est : quel type de sucres convient le mieux ? Réponse : ceux à « index glycémique » élevé. Cette notion se réfère à une échelle qui décrit la vitesse à laquelle un aliment donne du glucose dans le sang. Les denrées mentionnées sur cette échelle possèdent une valeur numérique, avec le glucose comme valeur de référence à 100. Plus la valeur attribuée à un aliment est élevée, et plus il est converti rapidement en glucose. Le tableau 3.2 range les aliments en fonction de leur effet sur la glycémie, c'est-à-dire de leur vitesse de conversion. En vous référant à ce tableau, vous constatez que des glucides tels que les boissons énergétiques, le raisin, la banane, ou les pommes de terre constituent de bons aliments de « recharge » glucidique.

Le taux de conversion est propre à chaque individu et dépend de la vitesse à laquelle les denrées sont digérées. La rapidité de ce processus est modulée par la structure intime des aliments. Ainsi, une teneur plus élevée en fibres, en protéines ou en graisses tend à le ralentir. La crème glacée constitue une bonne illustration de ce phénomène. Possédant un faible index (36), elle est dégradée très lentement parce qu'elle contient des protéines et des graisses, par rapport au saccharose (sucre) à index élevé.

Puisque les aliments à index élevé reconstituent mieux le glycogène, il faudrait que vous en ingériez au moins 50 g le plus tôt possible après l'exercice. Si vous n'avez pas faim à ce moment-là (ce qui est le cas de la plupart d'entre nous), l'ingestion d'une boisson énergétique représente une alternative convenable. C'est un excellent moyen de se recharger en glucides et de se réhydrater.

Une boisson de l'effort contenant du glucose, du saccharose ou des polymères de glucose (qui tous possèdent un index élevé), est un moyen rapide et efficace de restaurer le glycogène. Certains de ces produits peuvent aussi renfermer du fructose, qui ne le reconstitue pas aussi vite que les précédents. De ce fait, tâchez d'éviter que le fructose, y compris les fruits, représente la seule source de glucides juste après votre entraînement. Restez-en aux aliments à index glycémique élevé comprenant du glucose ou du saccharose.

2. Toutes les deux heures après vos séances

Continuez à ingérer des glucides à index élevé toutes les deux heures qui font suite à vos séances, jusqu'à ce que vous en ayez consommé au moins 100 g lors

Tableau 3.2. Index glycémique des aliments glucidiques (glucose = 100). [1]

Index élevé	Index intermédiaire	Index bas
Boissons	*Pains et produits céréaliers*	*Fruits*
• Gatorade [2] - 91	• Pâtes - 41	• Pomme - 36
• Sodas - 68	• Riz blanc - 56	• Abricots secs - 31
	• Riz brun - 55	• Bananes peu mûres - 30
Pains et produits céréaliers	• Pain noir - 41	• Pamplemousse - 25
• Bagel - 72	• Muffin au son - 60	• Poire - 36
• Pain blanc - 70	• Pop corn - 55	• Fructose - 23 [3]
• Corn flakes - 84		
• Flocons d'avoine - 61	*Fruits*	*Légumes secs*
• Crakers « Graham » - 74	• Jus d'orange - 57	• Haricots beurre - 32
• Müesli, raisin, noix - 67	• Bananes très mûres - 52	• Pois chiches - 33
	• Orange - 43	• Haricots verts - 30
Fruits	• Jus d'orange	• Haricots coco - 27
• Pastèques - 72	sans sucre - 41	• Pois cassés - 32
• Raisins - 64		
• Miel [3] - 73	*Légumes*	*Laitages*
	• Maïs - 55	• Lait chocolaté - 34
Légumes	• Petits pois - 48	• Lait écrémé - 32
• Pommes de terre	• Patate douce - 54	• Lait entier - 27
cuites - 85		• Yaourt allégé
• Pommes de terre cuites	*Légumes secs*	aux fruits - 33
(au micro-ondes) - 82	• Haricots	
	en conserve - 48	*Pains et produits céréaliers*
	• Soupe aux lentilles - 44	• Orge - 25
		• « Powerbar » - 30-35 [4]
		• « PR » barre - 33 [4]

(1) Index basé sur des portions fournissant 50 g de glucides.
(2) Marque américaine, « Gatorade » est une boisson énergétique qui a disparu du marché français après une tentative d'incursion à la fin des années 1980 (note du traducteur).
(3) N'est pas l'équivalent des fruits sur le plan nutritionnel.
(4) « Powerbar » est distribué en France, mais pas les « PR » barres qui s'inscrivent dans un plan énergétique privilégiant les protéines (30 %- 30 %- 40 %) n'y sont pas encore présentes (note du traducteur).

des quatre premières heures après l'effort, et un total de 600 g lors des premières 24 heures Ceci équivaut à environ de 40 à 60 g de glucides par heure sur l'ensemble de cette période de récupération de 24 heures.

Un conseil de prudence : il existe un inconvénient à l'utilisation d'aliments à index glycémique élevé. Ils peuvent provoquer une montée brusque et indésirable de la glycémie. Quand cela se produit, le pancréas répond par une hypersécrétion d'insuline, pour chasser le glucose du sang. La glycémie dégringole alors à un niveau trop bas, et vous vous sentez faible et pris de vertige.

Les aliments à index glycémique faible, d'un autre côté, procurent une libération plus régulière de l'énergie, et il y a peu de chance qu'ils provoquent de telles manifestations. En mélangeant et combinant dans votre ration les aliments à index faible et ceux à index élevé, vous pouvez assurer la stabilité de votre glycémie d'un repas à l'autre. Le mot d'ordre, ici, est la modération. Ne surchargez pas votre ration en boissons ou aliments à index élevé.

3. Tout au long de la semaine

Pour parvenir à se recharger convenablement en glycogène, il faut garder une ration riche en glucides semaine après semaine. Une excellente étude menée auprès de hockeyeurs, dont l'activité nécessite à la fois de la force musculaire et de l'endurance aérobie, a montré que, durant la période de trois jours située entre deux matches, une ration riche en glucides permettait un renouvellement du glycogène supérieur de 45 % à celle permise par une ration pauvre en glucides. En faisant le plein de glucides, vous disposez de stocks musculaires bien remplis.

Vous pouvez également renforcer votre niveau d'énergie. Dans une autre étude, des athlètes se chargèrent en glucides trois jours consécutifs. On leur demanda alors de pédaler à un niveau de très haute intensité : 104 % de leur « VO_2 max », ce terme désignant l'aptitude de l'organisme à fixer, transporter et utiliser l'oxygène. Ces volontaires parvinrent à soutenir cet effort de pédalage durant 6 min 36 s, alors qu'après un régime très pauvre en glucides (2,6 % de l'énergie), ils ne tenaient que 3 min 18 s. Vous voyez donc que les glucides sont du « super » pour les exercices très intenses.

CULTURISME ET RÉGIME HYPERGLUCIDIQUE

Les adeptes des sports d'endurance pratiquent un régime diététique connu sous le nom de « régime hyperglucidique ». À l'origine, il s'agit d'accroître la quantité de glycogène mis en réserve juste avant une compétition de longue durée. Grâce à cela, l'athlète peut courir, pédaler ou nager plus longtemps avant que la fatigue s'instaure ; il gagne donc en compétitivité. Correctement pratiqué, le régime hyperglucidique marche à merveille dans les sports d'endurance.

De tous les adeptes des sports de force, ce sont les culturistes qui l'ont le plus testé. Leur objectif ne réside pas dans une plus grande endurance, mais dans de plus gros muscles. Voici la façon dont ils procèdent généralement : environ sept jours avant la compétition, le culturiste réduit nettement son ingestion de glucides. C'est la phase dite de « déplétion ». Ensuite, quelques jours avant l'échéance, il commence à augmenter son apport de glucides. C'est la phase dite de « surcharge ». La première phase prépare théoriquement le muscle à une plus importante mise en réserve de glucides alors que, lors de la seconde phase, peu avant la compétition, on les réintroduit. Avec davantage de réserves, les muscles paraissent mieux remplis.

Mais est-ce que cela se passe vraiment ainsi ? Apparemment non. En effet, une étude a été menée sur neuf hommes, tous culturistes, soumis à un régime hyperglucidique. La durée du régime englobait trois jours d'entraînement très lourd (conçu pour épuiser le glycogène des muscles) couplé à une ration très pauvre en glucides (10 % des calories provenaient des glucides, contre 57 % des graisses et 33 % des protéines). Y succédaient trois jours d'entraînement léger (pour minimiser la perte de glycogène) avec une ration à 80 % de glucides, 5 % de lipides et 15 % de protéines. Un groupe témoin suivait le même programme d'entraînement de force mais consommait une ration standard. À la fin de l'étude, les chercheurs mesurèrent la circonférence des muscles de tous les participants. Résultats ? La surcharge en glucides n'avait pas accru le diamètre musculaire chez un seul d'entre eux.

Bien sûr, il s'agit d'une étude isolée. On doit l'interpréter avec prudence. Il nous faut notamment de plus amples informations sur le rôle éventuel joué par le régime hyperglucidique dans la préparation aux concours de culturisme. Si vous y prenez part, vous devez faire preuve de prudence avec cette manipulation, dans la mesure où une ration précompétitive trop riche en glucides peut provoquer de la rétention d'eau.

Votre ration quotidienne de base doit certes être riche en glucides, mais il ne s'agit pas d'une surcharge glucidique. Gardez aussi à l'esprit que, à l'inverse, une déplétion glucidique peut effectivement conduire à la perte d'une masse musculaire durement gagnée.

LA FORCE MENTALE

La teneur en glucides de votre ration peut affecter vos performances mentales. En effet, les glucides constituent un carburant non seulement pour les muscles, mais aussi pour le cerveau. Avec un régime très pauvre en glucides, on se sent complètement indisposé, anxieux, facilement bouleversé, irritable ou déprimé. Ces signes témoignent tous de l'hypoglycémie, c'est-à-dire de la chute du taux de sucre sanguin.

À l'université d'Auburn, des chercheurs ont soumis sept cyclistes féminines à plusieurs régimes :

• une ration pauvre en glucides (délivrant 13 % des calories) ;

- une ration modérément riche en glucides (54 % de l'énergie) ;
- une ration riche en glucides (délivrant 72 % des calories).

Les volontaires suivirent chacun de ces régimes expérimentaux durant une semaine. Avec le premier, elles se sentaient fatiguées, tendues, dépressives et plus sujettes à la colère.

Maints travaux ont montré que les glucides exercent une action positive sur le mental. Ainsi, véritablement, un apport suffisant de glucides contribue à stimuler naturellement l'humeur.

METTEZ-VOUS AUX GLUCIDES

Le facteur diététique le plus important, parmi ceux qui peuvent influencer vos performances musculaires à l'entraînement, c'est indéniablement le taux de glucides de votre ration journalière. En portant la plus grande attention à ce que vous mangez, en vous assurant notamment que vous avalez beaucoup de glucides, vous vous doterez de solides bases pour optimiser à la fois vos performances et votre santé.

Nutrition de l'effort : réalité et fiction

Les glucides peuvent-ils faire prendre du gras ?

Dans le courant des années 1990, plusieurs ouvrages à succès ont prétendu que les rations riches en glucides pouvaient faire grossir, et donc rendre moins performants.

Leurs auteurs fondaient cette théorie sur le fait que certains individus (à peine de 10 à 25 % de la population) sont « insulino-résistants », terme désignant un état dans lequel le pancréas, après un repas riche en glucides, sécrète de l'insuline en excès pour maintenir la glycémie à un niveau normal. Cette sécrétion exagérée provoquerait théoriquement la conversion des glucides en graisses de réserve.

Il n'existe aucune preuve indiquant que des taux d'insuline élevés feraient grossir. En fait, en tant qu'individu actif vous maintenez ce paramètre dans la norme. Par un mécanisme qui demeure mal compris, on sait que l'exercice rend les fibres plus sensibles à cette hormone. Pour que le glucose y pénètre, il doit être aidé de l'insuline. Lorsque celle-ci entre en contact avec la surface extérieure de la cellule, elle agit à la façon d'une clef et déverrouille les minuscules récepteurs qui entourent la fibre. Ces récepteurs s'ouvrent alors et laissent le glucose y pénétrer pour y servir de carburant. Maintenir le tissu musculaire dans un régime d'entraînement de force aide à canaliser le flux de glucose du sang vers les fibres, où il peut être correctement utilisé à des fins énergétiques.

Faut-il s'inquiéter à propos de l'ingestion de pâtes ou de pain ? Non. La « résistance à l'insuline » concerne seulement une minorité d'individus. Ceux qui portent une nette surcharge pondérale, et tendent à présenter des problèmes de glycémie, s'y montrent souvent les plus sensibles. Si vous suspectez l'existence d'une telle anomalie, consultez votre médecin, qui établira un diagnostic éclairé et prescrira le traitement approprié.

Il vous faudrait varier les glucides complexes davantage, en mangeant des haricots et des céréales complètes, en plus du pain et des pâtes. D'ailleurs, dans le cas improbable où vous seriez insulino-dépendant, une telle diversité minimise les effets de cette anomalie. De plus, conserver une activité régulière permet de contrôler le poids et de construire du muscle, ce qui aide à réguler l'utilisation corporelle du glucose. Relativement à la prise de masse grasse, l'insuline et les glucides ne sont pas en cause. La responsabilité en revient aux calories. Vous prenez du poids si vous en mangez plus que vous en brûler. C'est aussi simple que cela.

Les graisses : trouver le bon équilibre

Après environ une heure d'exercice dur et intense, la contribution énergétique du glycogène peut se réduire à néant. Mais il n'en va pas de même avec les réserves de graisses — autre source d'énergie pour le muscle. À l'inverse des stocks de glycogène, limités mais immédiatement disponibles, les réserves adipeuses sont quasiment illimitées. En fait, on a pu estimer qu'un individu de morphologie moyenne en transporte suffisamment pour en tirer l'énergie lui permettant de rallier, à vélo, Chicago à Los Angeles, soit une distance de près de 3 200 km.

Alors, si ces réserves sont quasiment inépuisables, pourquoi s'inquiéter de l'ingestion des glucides et du renouvellement du glycogène ? Il est vrai que notre corps contient un réservoir de graisses suffisamment volumineux pour permettre d'accomplir beaucoup d'exercice, sur de longues durées (il s'agit d'ailleurs d'une des raisons pour lesquelles nous n'avons pas besoins de lui fournir un supplément de graisses). Mais le problème qui se pose est le suivant : on dégrade les graisses seulement en présence d'oxygène. Celui-ci doit donc être disponible pour votre organisme afin d'assurer la combustion des lipides plutôt que celle du glycogène. Or, dans la phase initiale de l'exercice, l'oxygène fait défaut. Il faut en fait, 20 à 40 minutes d'effort avant que la disponibilité des graisses en tant que carburant soit maximale. Le glucose sanguin et le glycogène musculaire entrent en service les premiers.

Cela ne veut pas dire que brûler des graisses est difficile. Ce n'est pas le cas. Mais votre organisme les dégrade plus ou moins efficacement selon votre niveau de condition physique. L'un des avantages de la musculation et des exercices aérobies est qu'ils habituent votre organisme à mieux utiliser les graisses comme carburant, et cela par deux processus principaux.

D'une part, l'exercice (et particulièrement celui effectué en aérobie), facilite la prolifération des capillaires dans les muscles, ce qui améliore le débit sanguin là où c'est nécessaire. De plus, l'entraînement s'accompagne d'une augmentation de la quantité de myoglobine, cette protéine qu'on trouve dans les muscles et qui transporte l'oxygène du sang dans les tissus. Avec un meilleur débit sanguin et davantage d'oxygène parvenant aux fibres, votre organisme améliore son aptitude à brûler les graisses, ce qui explique pourquoi vous ne devez pas négliger la partie aérobie de votre préparation.

D'autre part, l'exercice stimule l'activité d'une enzyme connue sous le nom de « lipase hormono-sensible », qui promeut la dégradation des graisses à des fins énergétiques. Plus vous pourrez dégrader et brûler de lipides, et plus vous aurez une allure élancée.

Les graisses constituent donc véritablement une source d'énergie pour l'exercice, mais elles arrivent cependant au second rang : lors des séances de musculation, votre organisme préférera toujours utiliser les glucides, qu'il s'agisse du glucose sanguin ou du glycogène musculaire. En fait ce n'est pas pour fournir de l'énergie lors de l'effort que notre organisme stocke des graisses mais plutôt pour nous aider à survivre en cas de famine ou de maladie grave. Les lipides représentent certainement l'un des thèmes de la nutrition les plus controversés. Les médias diffusent beaucoup d'informations contradictoires sur les différentes catégories de graisses, leurs avantages et leurs inconvénients. Tentons d'y voir plus clair.

INTRODUCTION AU DÉBAT SUR LES LIPIDES

On distingue dans notre organisme trois grandes sortes de matériaux lipidiques : les triglycérides, le cholestérol et les phospholipides.

Les triglycérides

Il s'agit de la forme sous laquelle les vraies graisse sont stockées dans nos adipocytes et nos muscles. Une faible fraction des lipides circule dans le sang, sous forme d'acides gras libres, qui ont été chimiquement détachés des triglycérides. Des trois sortes de lipides, les triglycérides sont les plus impliqués dans la production d'énergie. Effectivement, les travaux menés avec des culturistes ont établi que ces molécules interviennent de manière significative dans les processus énergétiques lors de séances intenses de musculation. Ainsi, non seulement celles-ci vous aideront à bâtir du muscle, mais également à brûler des graisses.

Le cholestérol

C'est une substance cireuse, solide, se colorant à la lumière, qui existe sous deux formes distinctes. On peut nommer la première forme « cholestérol sanguin », et la seconde « cholestérol alimentaire ». Essentiel à un bon état de santé, le cholestérol sanguin est un constituant des membranes cellulaires, également impliqué dans la fabrication d'hormones, de vitamine D, et de la bile, substance nécessaire à la digestion des graisses. Du fait que l'organisme peut fabriquer du cholestérol aussi bien à partir des graisses que des glucides ou que des protéines, il n'est pas utile d'en tirer des aliments.

Lorsque vous absorbez des aliments qui contiennent du cholestérol, celui-ci est dégradé en moindres fragments, utilisés dans la fabrication de divers lipides, de protéines, ou d'autres substances utiles à votre organisme. Le cholestérol que vous ingérez n'est donc pas celui qui se trouve dans votre sang. S'il est important de réduire votre ingestion de denrées riches en cholestérol, il s'avère encore plus crucial d'abaisser l'ingestion de graisses saturées (principalement présentes dans les produits d'origine animale). Pourquoi ? Parce que le foie élabore le cholestérol sanguin à partir de cette catégorie de lipides. Plus vous en absorberez, plus il fabriquera de cholestérol.

Si votre foie en produit en grandes quantités, l'excès qui circule dans votre sang

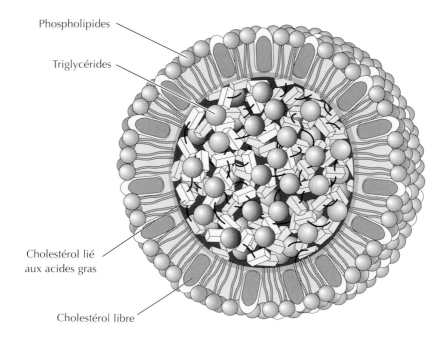

Phospholipides

Triglycérides

Cholestérol lié
aux acides gras

Cholestérol libre

Une lipoprotéine, le système de transport des lipides et du cholestérol dans le sang.
Adapté avec l'autorisation de McGraw-Hill Ed., d'après Gordon M. Wardlaw
et Paul M. Insel, 1990, *Perspectives in nutrition*, 1st ed., St.-Louis, Mosby.

peut s'agréger sur les parois internes des artères. Cette accumulation constitue la
« plaque » d'athérome. L'anomalie débute lorsque cette plaque grossit au point
de réduire le diamètre de l'artère et d'altérer la circulation. Une attaque cardiaque peut survenir lorsque le débit cardiaque est interrompu assez longtemps
pour qu'une partie du muscle cardiaque meure. L'hypercholestérolémie constitue
ainsi un important facteur de risque des maladies coronariennes, mais on peut le
contrôler grâce à l'activité physique et à une ration pauvre en graisses.

Le cholestérol peut être présent dans le sang en tant que constituant des lipoprotéines de faible densité (LDL) ou des lipoprotéines de haute densité (HDL). Ces
deux catégories entrent en jeu différemment dans le risque de maladie cardiaque.
Ce sont les LDL qui contiennent la plus grande quantité de cholestérol et peuvent être responsables du dépôt de ce dernier sur les parois des artères. On parle
du LDL comme du « mauvais » cholestérol. Plus son taux est faible, meilleur
c'est.

Les HDL renferment moins de cholestérol ; leur mission consiste à expulser le
cholestérol des cellules de la paroi artérielle à destination du foie, pour un refa-

çonnage ou une excrétion sous forme de déchet. On qualifie le HDL de « bon » cholestérol. Plus son taux est élevé, mieux c'est.

Une cholestérolémie totale supérieure à 2 g/l peut signifier un risque. Mais ce qui compte vraiment, c'est le rapport entre le « bon HDL » et le « mauvais LDL ». Généralement, votre taux de HDL devrait dépasser 35 g/l, alors que le LDL devrait rester sous 130 g/l.

Les phospholipides

Le troisième type de graisses est nommé « phospholipides ». Les phospholipides sont essentiellement impliqués dans le contrôle de la coagulation. À l'instar du cholestérol, ils entrent dans la structure des membranes cellulaires.

LES LIPIDES ALIMENTAIRES

Comment se débarrasser d'une surcharge adipeuse ? En réduisant la teneur en graisses de son alimentation. Il n'y a aucun doute à ce sujet : les lipides que vous absorbez sont stockés plus facilement dans vos adipocytes que les glucides ou les protéines. Plus vous mangez gras, plus vous devenez gras. Ce n'est pas plus compliqué !

Ce qui est moins simple, c'est de calculer combien de graisses, et lesquelles, doivent figurer dans votre ration. Regardons-y de plus près.

Les lipides alimentaires sont classés en fonction de la teneur en hydrogène de leurs « acides gras », ces minuscules structures lipidiques qui les composent. On en distingue trois groupes : les acides gras saturés, poly-insaturés et mono-insaturés.

— Les acides gras saturés sont usuellement solides à la température ambiante et, à l'exception des huiles tropicales, sont issus du règne animal. Les graisses du bœuf et du beurre (celles-ci se trouvant dans le lait, les fromages, la crème, les crèmes glacées, et d'autres dérivés du lait et de la crème) abondent en acides gras saturés. Les laitages allégés ou à 0 % en sont plus pauvres. Les huiles tropicales riches en acides gras saturés englobent les huiles de noix de coco, de palme, et les graisses de cacao présentes dans le chocolat. On les trouve en général dans des produits industriels cuits et les autres aliments raffinés.
— Les acides gras mono- et poly-insaturés sont normalement liquides à la température ambiante, et proviennent des oléagineux, des légumes ou des graines. Les « poly-insaturés » présents dans les margarines, sont solides car ils ont été « hydrogénés ». C'est un procédé qui consiste à leur ajouter de l'hydrogène pour les rendre plus durs. Les lipides qu'on obtient alors comportent des substances connues sous le nom d'acides gras « trans », dont on a montré le lien avec les maladies cardio-vasculaires. Les acides gras « oméga-3 » constituent une classe particulière, principalement présente dans les poissons d'eau froide

tels que le saumon, le maquereau, le flétan, le merlu noir, la truite arc-en-ciel, l'espadon ou les mollusques. Ces graisses aident à prévenir la formation du caillot à l'origine de l'attaque.
- Les acides gras « mono-insaturés » abondent dans l'huile d'olive, d'arachide ou de pépin de raisins. Ils semblent exercer un effet protecteur sur la cholestérolémie. Ils permettent d'abaisser le taux de mauvais cholestérol (LDL) mais maintiennent celui du bon (HDL).

Les acides gras essentiels

De toutes les graisses, seulement deux acides gras poly-insaturés sont considérés comme « essentiels ». En d'autres termes, votre organisme ne sait pas les fabriquer et il vous faut les tirer de votre ration. Ils sont indispensables à une croissance normale, à un bon état des membranes cellulaires, et à l'intégrité des artères et des neurones. De plus, ces acides gras gardent votre peau douce et lubrifient et protègent vos articulations. Ils participent aussi à la dégradation et au métabolisme du cholestérol. Des graisses végétales telles que les huiles de maïs, de soja, de tournesol et de noisettes en renferment toutes beaucoup. C'est aussi le cas des oléagineux, des graines, et des légumes à feuilles vertes comme les brocolis, ou encore des poissons dits « gras » des eaux froides.

Si vous réduisez votre apport lipidique à un niveau ridicule, ou si vous restreignez votre alimentation, vous risquez de développer une carence en acides gras essentiels. Il ne s'agit pas d'une anomalie très répandue du fait que les Américains mangent très gras. Malgré tout, j'ai vu beaucoup d'athlètes, en particulier des culturistes, réduire à l'extrême leur ingestion de graisses. Dans ce cas, l'organisme a des difficultés à absorber les vitamines liposolubles (A, D, E et K) en quantité suffisante. En outre, l'équilibre membranaire se trouve en danger du fait que les régimes pauvres en lipides le sont aussi en vitamine E. Or celle-ci est un antioxydant et, à ce titre, empêche les radicaux libres, en cause dans diverses pathologies, d'endommager les cellules membranaires. Enfin, elle aide les muscles dans les processus de réparation survenant après l'effort.

DE COMBIEN D'ACIDES GRAS ESSENTIELS A-T-ON BESOIN ?

Il peut vous arriver aussi d'abuser de graisses. Leur excès peut causer une prise de poids et conduire graduellement à l'obésité et aux problèmes de santé qui en découlent. Une ingestion abusive de graisses saturées peut aussi élever le taux de cholestérol, notamment de la variété dangereuse (LDL). D'un autre côté, il est démontré que les acides gras mono- et poly-insaturés abaissent la cholestérolémie. Malheureusement, ils peuvent aussi faire chuter le taux de la fraction protectrice, le « HDL » cholestérol. On a associé leur ingestion en très grande quantité à des risques accrus de cancer. Alors où se situe le juste milieu en ce qui les concerne ? Quelle quantité de graisses devrez-vous exactement manger chaque jour pour être en parfaite santé ?

Selon l'Association américaine pour le cœur, le maximum acceptable, n'excède pas 30 % de l'apport calorique journalier. Les acides gras saturés ne devraient pas représenter plus de 10 % du total calorique, tout comme les mono-insaturés et les poly-insaturés, avec de préférence une prédominance des premiers. Le cholestérol alimentaire devrait être maintenu à une valeur maximale de 300 mg/j.

Si vous pratiquez le culturisme ou la musculation et que vous cherchez à rester mince, vous devez limiter votre apport quotidien de lipides à 20 % du total calorique. Cette ration pauvre en graisses devrait contenir bien plus de graisses insaturées (8 % de mono- et 7 % de poly -insaturées) que de saturées (5 %). L'une des manières de contrôler votre ingestion de lipides consiste à en compter la quantité (en grammes) figurant chaque jour dans votre ration. Vous pouvez calculer votre propre apport « suggéré » en lipides à l'aide des formules suivantes :

— Lipides totaux : total calorique × 20 % = total des calories tirées des graisses. Vous divisez ce chiffre par 9 (calories par g) = ... g de lipides totaux.
Exemple : 2 000 calories × 0,20 = 400 ; 400/9 = 45 g de graisses.

— Acides gras saturés (AGS) : total calorique × 5 % = total des calories tirées des AGS.
Vous divisez ce chiffre par 9 (calories/g) = ... g AGS.
Exemple : 2 000 calories × 0,05 = 100 ; 100/9 = 11 g AGS.

Assurez-vous que les informations nutritionnelles figurant sur les emballages des aliments que vous achetez au supermarché indiquent la quantité de lipides d'une portion. Une autre façon de contrôler votre apport de graisses consiste à limiter l'ingestion de la majorité des denrées dont plus de 20 % de l'énergie provient des lipides. Grâce aux indications nutritionnelles figurant sur les emballages, vous pouvez facilement déterminer si un produit satisfait ce critère. Il suffit d'appliquer la formule suivante :

(total des calories par portion / total calorique de la portion) × 100
= % de calories des lipides.
Voici un exemple d'application de cette formule :
(54 calories lipidiques / 220 calories) × 100
= 24 % de calories tirées des graisses.

Si vous n'avez pas l'esprit matheux ou si vous avez horreur de peser les denrées, il vous reste une solution : meublez simplement votre ration avec beaucoup de glucides complexes. Augmentez votre ration en pain complet, en céréales, en pâtes, en haricots, en légumes verts et en fruits, et réduisez les portions de viande. Vous obtiendrez alors forcément un régime pauvre en graisses.

Des tuyaux anti-gras

Lorsqu'on ne dispose d'aucune information nutritionnelle sur un aliment particulier, il faut se souvenir de ces précieuses suggestions concernant les sources de lipides et de cholestérol.

1. Les principales sources de graisses saturées sont les viandes et les laitages au lait entier. Choisissez donc des morceaux maigres ou de qualité comme le gîte, le faux-filet, le flanchet et limitez-vous à des portions pas plus grosses que la paume d'une main. Le poulet, la dinde et le poisson constituent toujours des options moins grasses.

2. Lorsque vous préparez et consommez la viande, assurez-vous que vous vous êtes débarrassé de toutes les graisses visibles et de la peau, et ayez recours à des ustensiles pour cuire au four, sur le grill, à la vapeur ou aux micro-ondes.

3. Lorsque vous prenez votre déjeuner, sélectionnez des denrées pauvres en graisses ou dégraissées, comme le blanc de poulet ou de dinde, plutôt que de la viande bolognese très grasse ou du salami.

4. Les laitages occupent une place très importante dans votre ration. Pour en limiter l'apport en graisses, optez pour des produits allégés ou à 0 % plutôt que pour du lait entier, et prévoyez-en deux à trois fois par jour.

5. On ne trouve le cholestérol que dans les produits d'origine animale, et les jaunes d'œufs en représentent un concentré. À la place de deux œufs, utilisez trois blancs et un jaune. Comme la viande et les laitages renferment aussi du cholestérol, limitez votre ingestion de jaunes d'œufs à 3 ou 4 par semaine, pour que votre alimentation demeure pauvre en cholestérol.

6. Les produits raffinés et tout prêts, notamment ceux de la restauration rapide, peuvent constituer des sources de lipides très concentrées. Les graisses végétales hydrogénées ne sont pas plus saines que les graisses saturées, faites donc attention au total de lipides que vous absorbez. Lisez attentivement les notices, même celles des aliments allégés, pour déterminer s'il s'agit réellement de denrées pauvres en lipides.

FAUSSES GRAISSES ET SUBSTITUTS

Ces éléments sont concoctés par les techniciens de l'agro-alimentaire, qui changent les qualités des aliments courants de façon à ce qu'ils aient le goût et l'aspect de denrées plus grasses. Les fausses graisses sont fabriquées à partir de glucides, de protéines ou de lipides.

Les fausses graisses conçues avec des sucres sont formées à partir d'amidons et de fibres. Le polydextrose, amidon partiellement absorbé qui délivre une calorie par gramme (neuf fois moins qu'un gramme de graisse), en constitue un exemple. On l'utilise pour des desserts glacés, des gâteaux et leur glaçage. Les maltodextrines sont un produit similaire. Il s'agit d'un amidon tiré du maïs et utilisé comme substitut de lipides dans les margarines ou les sauces pour salade.

La cellulose et les gommes sont deux sortes de fibres employées à l'élaboration de substituts de lipides. Quand on la broie en fines particules, la cellulose présente une consistance qui lui fait ressembler, lorsqu'on la mange, à des graisses. Elle remplace tout ou partie des graisses de certains produits laitiers, de sauces, de desserts glacés, et de vinaigrettes. Des gommes telles que le xanthame, le guar, la pectine et les carraghénates sont utilisées pour épaissir les aliments et leur donner une texture crémeuse. Ajoutées aux sauces pour salades, aux desserts, et aux plats industriels à base de viande, elles diminuent fortement la teneur en MG.

Les substituts de lipides à base de protéines sont élaborés à partir du lait et des œufs, chauffés ou mélangés en fines particules qui ont un goût crémeux en bouche. Ces succédanés se trouvent dans les crèmes glacées, les yogourts, les fromages à tartiner, les vinaigrettes allégées, la mayonnaise, les margarines et les pâtes à tartiner.

On trouve également désormais sur le marché un substitut à base de lipides, nommé l'Olestra (de Procter & Gamble) [1]. Techniquement, il s'agit d'un polyester de sucrose, c'est-à-dire d'une combinaison de sucres et d'acides gras. Notre organisme ne le digérant pas, il ne délivre donc virtuellement aucune calorie. Mais en raison de sa structure il peut, chez certains, exercer un effet laxatif plus ou moins sévère selon la dose consommée. Des rapports indiquant que l'Olestra pouvait bloquer l'absorption des vitamines liposolubles ont poussé la FDA à imposer l'enrichissement en celles-ci de tous les produits à base de ce substitut.

Nous ne savons pas encore quels effets ces graisses artificielles exercent sur nous. En outre, les nutritionnistes et l'ensemble des spécialistes de la santé craignent que les consommateurs, se laissant emporter par l'attrait des aliments sans lipides, en viennent à moins manger de denrées denses en nutriments comme les végétaux frais et les légumes secs. Si vous appréciez ces nouveaux allégés, ayez-y recours avec modération. Des études en cours suggèrent que ces substituts et allégés peuvent aider à réduire l'apport de lipides de la ration. Mais l'innocuité de certains d'entre eux reste débattue, ce qu'il faut considérer avant de les utiliser.

Par ailleurs, continuez à lire les notices nutritionnelles et déterminez par vous-même la teneur en lipides. Ne vous fiez pas aux argumentaires publicitaires en évidence sur les emballages : les termes « light » ou « allégé » ne se réfèrent pas

(1) Un tel produit n'est actuellement pas distribué en France.

obligatoirement au contenu en graisses ou en calories. En accord avec la loi de 1993 de la FDA sur les étiquetages, les termes « light » ou « allégé » ne peuvent pas être employés sans des informations complémentaires (comme « texture légère »). Il peut aussi s'agir d'un produit allégé en sel ou plus croquant, mais l'étiquetage doit le préciser (2).

Les graisses « MCT »

Principalement tirés de l'huile de noix de coco, les triglycérides « *à chaîne moyenne* » (abrégé « MCT »), forment une catégorie spéciale de graisses alimentaires, élaborées pour la première fois dans les années 1950 par l'industrie pharmaceutique pour les patients digérant mal les graisses. Encore utilisées à des fins médicales, les MCT sont aussi devenues un supplément très prisé des culturistes, vendues comme un brûleur de graisses, un bâtisseur de muscle et une source d'énergie.

Sur le plan moléculaire, les MCT sont structurées d'une manière très différente des graisses conventionnelles du beurre, de la margarine ou des huiles végétales. Celles-ci comportent des chaînes carbonées très longues, d'au moins 16 atomes de carbone, et nommées pour cette raison « triglycérides à chaîne longue » (LCT). Les graisses corporelles en font aussi partie. Les MCT, pour leur part, comportent des chaînes carbonées plus courtes (de 6 à 12 atomes), d'où le terme de « moyenne ».

À cause de cette différence moléculaire, les MCT font l'objet d'une digestion, d'un transport et d'un métabolisme plus rapides que les autres lipides et, de ce fait, présentent d'intéressantes propriétés. D'abord, ils sont brûlés comme les glucides. À l'inverse des lipides conventionnels, ils ne se stockent pas dans les adipocytes mais sont au contraire directement véhiculés vers les cellules pour y être utilisés à des fins énergétiques. On les brûle d'ailleurs si vite que les calories fournies sont dissipées sous forme de chaleur, processus nommé la « thermogenèse », qui active le métabolisme. Et plus le métabolisme fonctionne, plus vous brûlez de graisses. Cela signifie-t-il que si vous prenez des MCT vous allez accélérer votre métabolisme et brûler plus de graisses ? Des chercheurs de l'université de Rochester ont testé cette possibilité. Dans une étude englobant sept hommes sains, ils ont observé si un seul repas à base de MCT stimulait davantage le métabolisme qu'un autre riche en acides gras à chaîne longue. Les volontaires ont ingéré un repas test contenant soit 48 g de MCT, soit 45 g d'huile de maïs,

(2) Note du traducteur : en France, la législation est beaucoup plus précise quant à la notion de « light », qui se réfère à l'allègement en sucre et à l'emploi d'édulcorants. L'étiquetage ne doit laisser aucune ambiguïté sur la nature du produit. Le terme « allégé » indique que la teneur en un nutriment donné a été réduite d'au moins 50 % par rapport au produit d'origine.

donnés, au hasard, des jours différents. Le métabolisme s'est accru de 12 % durant les 6 heures faisant suite au repas riche en MCT, alors qu'il n'a augmenté que de 4 % dans l'autre cas. Qui plus est, le taux de triglycérides du plasma (la fraction liquide du sang), avait augmenté de 48 % après le repas à base de LCT, mais pas du tout après le repas riche en MCT. Ces données ont conduit les auteurs à suggérer que le remplacement des acides gras à chaîne longue par des MCT, sur de longues périodes, pourrait faciliter la perte de poids. Mais d'autres n'en sont pas si sûrs ; dans une étude menée à l'université de Calgary, au Canada, des adultes sains reçurent une ration pauvre en glucides supplémentée en MCT. Ces chercheurs trouvèrent que ce régime n'avait aucun véritable effet activateur sur le métabolisme. Les calories brûlées en surplus sur une période de 24 heures correspondaient à moins de 1 % de l'apport calorique total. Certes, les MCT ne constituent sans doute pas un brûleur de graisses par eux-mêmes, mais ils peuvent néanmoins préserver la masse grasse en inhibant sa dégradation.

Dans la plupart des études sur les MCT et la combustion des graisses, les volontaires doivent ingérer d'énormes volumes de ces lipides — usuellement au moins 30 g — pour produire un effet activateur sur le métabolisme. De telles quantités sont tout simplement intolérables pour beaucoup de personnes en raison des troubles intestinaux et des diarrhées dues à cet excès de MCT. À mon avis, la prise d'aussi grandes quantités de MCT pour activer le métabolisme n'est tout simplement pas praticable.

Un autre problème se pose lorsqu'on les emploie pour brûler des graisses. On recommande de les prendre avec des glucides, procédure prévenant la cétose, état au cours duquel des dérivés du métabolisme des lipides, nommés les « corps cétoniques », se forment si les glucides ne sont pas disponibles pour intervenir dans les étapes finales de la lipolyse.

Mais ainsi consommés avec les glucides, ils n'exercent alors aucun effet sur la combustion des graisses. Voici pourquoi : les glucides déclenchent la libération d'insuline, laquelle inhibe la mobilisation des graisses. De ce fait, il ne résulte évidemment plus le moindre bénéfice à employer les MCT pour brûler des graisses. Il ne vous reste plus alors que la bonne vieille méthode : faire du sport et surveiller votre alimentation.

Une autre affirmation attachée aux MCT est qu'ils peuvent faciliter la prise de masse musculaire. Mais il n'existe aucune étude contrôlée le démontrant. Malgré tout, l'emploi d'un complément de MCT pour glisser furtivement des calories supplémentaires en vue de séances plus difficiles tombe sous le sens. Commencez doucement en introduisant une demi-cuillerée à une cuillerée à café par jour car sa rapide assimilation peut causer des crampes et des nausées si vous en avalez trop d'un coup. Pour cela, avant toute tentative, prenez l'avis de votre médecin.

Nutrition de l'effort : réalité et fiction

La vérité sur les régimes hypergras

Beaucoup de culturistes, d'adeptes de la musculation, et de sportifs en général ont fait l'expérience de régimes riches en lipides pour perdre du poids. Le principe de ces régimes consiste à ingérer une quantité élevée de protéines (environ 25 à 30 % du total calorique quotidien), avec un faible apport glucidique, et beaucoup de graisses (de 30 à 70 % du total).

Ces régimes produisent, théoriquement, une réduction du taux d'insuline. Cette hormone, entre autres fonctions, facilite la mise en réserve de graisses. Lorsque son taux est bas, l'organisme est supposé brûler davantage de lipides pour en tirer de l'énergie. Mais comme on l'a noté précédemment, l'insuline ne fait pas grossir, ce sont la suralimentation et l'absence d'exercice qui sont en cause. Par ailleurs, une activité régulière et la surveillance du poids maintiennent automatiquement l'insuline à un taux stable.

Les rations hypergrasses sont néfastes. D'une part, elles sont trop pauvres en glucides. Et lorsqu'il s'en trouve trop peu dans les fibres, l'organisme ne dispose d'aucune autre source d'énergie pour bâtir du muscle : on n'utilise pas les graisses comme carburant pour les exercices de force, ou alors on pratique des séances moins intenses. Résultat ? On peut carrément perdre de la masse dans ces conditions, et cette fonte musculaire compromet notre facilité à brûler des graisses.

D'autre part, les rations hypergrasses renferment trop de protéines. Comme on l'a noté plus haut, on n'a pas besoin d'un surplus de protéines pour bâtir du muscle. Enfin, ces rations tendent à délivrer trop peu de calories. En suivant un tel régime vous perdrez effectivement un peu de graisses, mais verrez aussi partir de la masse musculaire si durement acquise.

Quelques points supplémentaires : il se peut que vous ayez entendu dire que ces rations sont des « activateurs » énergétiques. Cette affirmation est en partie fondée : des travaux menés avec des cyclistes ont montré qu'elles augmentent bien l'endurance. Mais il y a un problème : ces cyclistes ne trouvaient pas la force de pédaler dans les côtes lors de leurs sorties. En fait, s'ils avaient de l'endurance, il leur manquait de la pêche. Or les culturistes et les autres athlètes ont besoin des deux.

L'explication réside dans les fibres musculaires. Sur le plan théorique, on classe les fibres sollicitées lors des activités endurantes parmi les lentes, ou de « type I ». Elles se contractent très lentement, mais peuvent soutenir cette action pendant de longues périodes, sans la moindre fatigue. Elles tirent l'essentiel de leur énergie des lipides, par un processus nécessitant de l'oxygène. Les cyclistes possèdent une bonne endurance liée au fait que ces fibres lentes se sont adaptées à l'utilisation des graisses.

En ce qui concerne la force et la puissance, c'est une tout autre histoire. Les fibres sollicitées pour sprinter, soulever des charges, ou monter en force une côte sont les fibres dites « rapides » ou de « type II ». Elles se contractent et se fatiguent plus rapidement. Elles tirent leur énergie de la combustion du glycogène, et pas du tout des graisses car elles ne sont tout simplement pas aptes à les brûler. Conclusion : une ration riche en graisses va saper votre force.

Souvenez-vous aussi que les graisses alimentaires se stockent facilement sous forme de graisses corporelles, toutes étant identiques sur le plan chimique. À apport calorique égal, les lipides se stockent plus facilement en graisses que les glucides. Comme je l'ai déjà indiqué, mangez gras et vous serez gras.

Qui plus est, suivre un régime hypergras revient à jouer à la roulette russe avec sa santé. L'ingestion excessive de lipides est liée à toutes sortes de pathologies qui abrègent la vie, comme les maladies cardiaques ou le cancer. Éloignez-vous de ces lubies et adoptez plutôt une ration hyperglucidique.

5

Des liquides pour l'énergie et l'endurance

Répondez sans réfléchir : quel est le nutriment le plus capital pour la croissance, le développement et la santé ? Si vous avez répondu l'eau, bravo !

L'importance nutritionnelle de l'eau nous échappe fréquemment, et beaucoup de gens ne la considèrent même pas comme un nutriment essentiel. Pourtant, sans eau ni aucun autre liquide, vous mourrez en moins d'une semaine.

Même si elle n'apporte pas d'énergie à la manière des glucides ou des graisses, elle ne joue pas moins un rôle crucial dans les processus métaboliques. En tant que nutriment le plus abondant de notre corps, elle constitue un milieu où toutes les réactions énergétiques se déroulent. Ainsi, il vous en faut beaucoup pour disposer d'énergie et d'endurance. Vous la tirez de sources variées : les aliments que vous mangez, les breuvages que vous avalez, et l'eau pure, naturelle, que vous buvez. Voyons de plus près le rôle important joué dans notre alimentation par l'eau et les autres boissons.

UN NUTRIMENT ESSENTIEL

Il est difficile d'évoquer tous les bienfaits de l'eau. Elle représente environ 60 % du poids corporel d'un adulte. Elle participe à tous les processus métaboliques, assure le transport des nutriments dans l'organisme et l'élimination des déchets. C'est un des constituants du fluide qui lubrifie nos articulations et en préserve la mobilité. Et lorsque la température de l'organisme commence à monter, l'eau agit comme le liquide de refroidissement de votre radiateur. N'en disons pas plus, vous voyez bien pourquoi elle nous est vitale !

DE L'EAU, DE L'EAU PARTOUT !

Pratiquement chaque aliment ingéré renferme de l'eau qui est absorbée lors de la digestion. La plupart des fruits et des légumes en contiennent de 75 à 90 %. Les viandes se composent de 50 à 70 % d'eau, alors que des boissons comme les jus de fruit, le lait ou les boissons de l'effort ont une teneur en eau supérieure à 85 %. En moyenne, les aliments seuls vous délivrent chaque jour environ quatre tasses d'eau. Mais cela ne suffit pas à maintenir votre corps bien hydraté. Il vous faut un minimum de huit à dix tasses quotidiennes d'eau pure, soit environ un litre pour 1 000 calories, voire plus pour remplacer les pertes survenues lors de l'effort. Selon votre taille et votre sudation, vous pouvez perdre un litre de sueur par heure d'effort. S'il fait chaud et humide, vous pouvez éliminer le double.

LE THERMORÉGULATEUR

Votre corps produit de l'énergie dépensée pour l'exercice, mais seulement 25 % de celle-ci est effectivement réservée à un travail mécanique. Les 75 % restants sont dissipés sous forme de chaleur. L'énergie supplémentaire produite lors de l'effort provoque une élévation de la température corporelle. La sudation aide à se débarrasser de cet excédent. En effet, à mesure que la sueur s'évapore, votre sang et votre corps se refroidissent. Si tel n'était pas le cas, vous succomberiez rapidement à un choc thermique, provoqué par l'augmentation de votre température corporelle. Dieu merci, il y a l'eau !

L'EAU ET LA COMBUSTION DES GRAISSES

Boire plus d'eau que nécessaire peut vous aider à rester mince. Pour accomplir leur travail de filtration des déchets corporels, les reins ont besoin d'un apport d'eau suffisant. En cas de déficit hydrique, il leur faut un soutien, et ils se tournent alors vers le foie pour recevoir de l'aide. L'une des nombreuses fonctions du foie consiste à mobiliser les graisses de réserve pour en tirer de l'énergie. En se voyant attribuer une mission supplémentaire de la part des reins, il ne peut plus assurer aussi bien son rôle de brûleur de graisses. Il s'ensuit que la perte de poids est compromise.

L'EAU ET LES PERFORMANCES PHYSIQUES

Pourquoi donc, certains jours, êtes-vous si « pompé » que vous ne parvenez plus à pousser la fonte ? La déshydratation pourrait être l'une des explications. Pour bouger vos muscles, il vous faut de l'eau. De tous les sites anatomiques, les tissus au métabolisme le plus actif comme les muscles sont ceux où l'eau figure au taux le plus élevé, alors qu'on en trouve moins dans d'autres tissus relativement inactifs tels que le tissu adipeux, la peau et certaines parties de l'os. Les muscles sont placés sous le contrôle des nerfs. La stimulation électrique de ceux-ci et la contraction musculaire qu'ils commandent surviennent grâce aux échanges d'électrolytes (sodium, potassium, calcium, chlore et magnésium) dissous dans l'eau, s'effectuant à travers les membranes des cellules nerveuses et musculaires. Si vous manquez d'eau et d'électrolytes, la force et le contrôle musculaire sont affaiblis. En fait, un déficit hydrique correspondant à seulement 2 à 4 % de votre poids peut réduire votre entraînement de force d'au moins 21 %, et votre puissance aérobie de 48 % ! Le mécanisme de la soif se déclenche lorsque vous avez perdu 2 % du poids de votre corps en eau. Mais à ce moment-là, vous êtes déjà bien déshydraté. Pour prévenir cette situation, vous devez vous imposer un plan minuté d'hydratation tout au long de la journée.

LE DÉFICIT EN EAU : LES SIGNES D'ALERTE

Beaucoup de gens évoluent dans un état de déshydratation modérée. Ajoutez à cela de l'exercice et un climat chaud, et vous arrivez à un déficit sévère. Mais qu'en est-il à votre sujet ? Êtes-vous déshydraté ? Pour le savoir, reportez-vous au tableau 5.1 qui dresse la liste des symptômes précoces et sévères de la déshydratation et du coup de chaleur.

Tableau 5.1 Symptômes de la déshydratation et du « coup de chaleur ».

Signes précoces	Signes sévères
Fatigue	Difficulté à déglutir
Perte d'appétit	Trébuchement
Rougeur de la peau	Maladresse
Intolérance à la chaleur	Yeux caves, vision trouble
Peau desséchée	Miction difficile
Étourdissement	Doigts engourdis
Urine sombre à odeur forte	Spasmes musculaires
Toux sèche	Délire

SURVEILLER L'HYDRATATION

Il est facile de déceler par soi-même les premiers signes de déshydratation.

- Surveillez vos urines. Elles doivent être claires, et peu odorantes. Si elles ont une teinte argentée ou sombre, avec une odeur forte, vous êtes déshydraté.
- Pesez-vous, nu, avant et après une séance. Chaque livre perdue au cours de l'effort correspond environ à la perte de deux tasses d'eau. Toute perte de poids au cours de l'activité résulte d'une perte de liquide et devrait être remplacée par des boissons le plus vite possible après l'exercice.
- La déshydratation est cumulative. Votre corps ne peut se réhydrater tout seul. Si vous compensez trop peu ces pertes en plusieurs occasions consécutives, vous deviendrez de plus en plus déshydraté et commencerez à souffrir des premiers symptômes de ce manque d'eau.
- Le mal de gorge, la toux sèche et une voix rauque constituent des signes évocateurs additionnels.
- Une sensation de brûlure à l'estomac peut signaler l'existence d'une déshydratation.
- Tenez compte des crampes musculaires. Personne n'en connaît exactement la cause, mais un déficit en eau constitue sans doute un facteur important. Elles surviennent plus facilement si vous effectuez une séance dure, dans la chaleur, et que vous ingérez trop peu de boissons. Vous pouvez habituellement faire dis-

paraître une crampe en vous déplaçant dans un endroit frais, en avalant des liquides, et en remplaçant les minéraux perdus à l'aide d'une boisson de l'effort.

UN PLAN D'HYDRATATION POUR LES SPORTS DE FORCE

Généralement, vous ne pouvez pas vous fier à votre sensation de soif pour savoir quand il faut boire. La stimulation à boire de l'organisme n'est pas aussi puissante que le besoin de manger. Il en est de même du mécanisme de la soif. Lorsque, au cours de l'effort, ce mécanisme entre en action, vous avez déjà perdu environ 1 à 2 % de votre poids corporel en sueur. Il vous faut boire à intervalles réguliers, que vous ayez soif ou non, et cela tous les jours. Souvenez-vous que si vous commettez l'erreur de boire trop peu un jour, votre corps ne pourra pas compenser automatiquement le lendemain. Vous serez doublement déshydraté et commencerez peut-être à manifester les signes de cette anomalie.

Si vous souhaitez des conseils supplémentaires, reportez-vous à la position prise sur le remplacement des liquides au cours de l'effort par le Collège américain de médecine du sport. Elle figure plus loin en encadré.

Nous vous présentons un programme permettant de rester correctement hydraté avant, pendant et après les séances.

Avant l'exercice

Il faut boire un quart à un demi-litre deux heures avant l'exercice. Ensuite, prenez de 125 à 250 ml (une demi-tasse à une tasse), juste avant la séance, pour vous assurer que votre organisme est bien hydraté. En cas de température très chaude ou très froide, il en faut même plus : comptez de 350 à 500 ml (une tasse et demie à deux tasses et demie), de 10 à 20 minutes avant l'effort. Faire du sport dans une ambiance froide élève votre température corporelle et vous perdez aussi de l'eau par la respiration et la sudation.

Lors de l'exercice

Buvez de 100 à 150 ml toutes les 15 à 20 minutes lors des séances. Augmentez cette quantité jusqu'à 250 ml (1 tasse) en cas de températures extrêmes. Même si, au début, ceci peut sembler difficile, une fois que vous aurez intégré cette stratégie à vos habitudes d'entraînement, vous vous adapterez très vite à la sensation due à la présence de liquide dans l'estomac. En fait, plus l'estomac est rempli, plus il se vide vite. La déshydratation freine ce processus de vidange. Faites régulièrement des pauses boissons dans votre entraînement.

Après l'exercice

C'est le moment de restituer le liquide perdu durant l'effort. Pesez-vous avant et après la séance. Buvez alors deux tasses de boisson pour chaque livre perdue.

Position officielle du collège américain de médecine du sport sur le remplacement des liquides perdus durant l'effort

Cet avis repose sur le principe selon lequel le remplacement adéquat du liquide perdu aide à maintenir une bonne hydratation et, de ce fait, favorise la santé et la réalisation de performances physiques optimales des individus participant régulièrement à des activités sportives.

Cette opinion repose sur quelques publications scientifiques relatives à l'influence de la compensation hydrique sur les performances et aux risques pathologiques associés à la déshydratation et à l'hyperthermie. Se fondant sur les preuves disponibles, le Collège américain de médecine du sport émet les recommandations générales suivantes sur la quantité et la composition des boissons qu'il faudrait ingérer avant, pendant et après l'exercice.

1. Il est conseillé d'avoir une alimentation équilibrée sur le plan nutritionnel et de boire une quantité optimale lors de la période de 24 heures qui précède un effort, et plus particulièrement à l'occasion du dernier repas avant l'exercice, de manière à assurer une hydratation correcte avant l'effort ou la compétition.

2. Il est recommandé de boire environ 500 ml deux heures avant l'exercice pour favoriser une bonne hydratation et pour disposer d'un temps suffisant de façon à excréter l'excédent d'eau ingérée.

3. Lors de l'exercice, les athlètes devraient s'hydrater précocement, à intervalles réguliers, dans le but de consommer assez de liquide, à un taux suffisant, pour compenser les pertes occasionnées par la sueur, ou pour consommer le maximum tolérable.

4. On recommande que les boissons ingérées soient plus fraîches que la température ambiante, de 15 à 22 °C, et aromatisées de manière à en accroître la qualité gustative et faciliter le remplacement des pertes liquidiennes. Les boissons devraient être aisément disponibles et présentées de façon à permettre l'ingestion facile de volumes adéquats, avec une interruption minimale de l'exercice.

5. L'addition de quantités appropriées de glucides et/ou d'électrolytes aux produits de réhydratation est recommandée dans le cadre d'exercices de plus d'une heure, d'autant que leur apport ne perturbe pas significativement l'absorption de l'eau par l'organisme et qu'il peut même améliorer les performances. Pour des efforts inférieurs à une heure, il y a peu d'arguments indiquant une différence de performances selon qu'on utilise ces boissons ou de l'eau pure.

6. Lors des séances intenses supérieures à une heure, il est conseillé d'absorber des glucides à raison de 30 à 60 g/h, pour maintenir l'oxydation des glucides et reculer la survenue de la fatigue. Cet apport glucidique peut être assuré sans compromettre l'absorption de liquide si on boit 600 à 1 200 ml par heure de solutions renfermant quatre des glucides à 8 % (en g/100 ml). Ces glucides peuvent être des sucres simples (glucose ou saccharose) ou plus complexes (maltodextrines par exemple).

7. On recommande l'incorporation de sodium (de 0,5 à 0,7 g par litre d'eau) dans la solution de réhydratation bue lors d'efforts dépassant une heure. En effet, cela peut présenter l'avantage d'améliorer la qualité gustative, de faciliter la rétention de l'eau et, éventuellement, de prévenir l'hyponatrémie chez certains individus ingérant des volumes excessifs de boissons. En revanche, il n'existe que peu de données scientifiques indiquant que la présence de sodium améliorerait l'assimilation de l'eau au niveau des intestins dans le cas où le repas précédent en contient suffisamment.

Adapté, après autorisation, du texte de Victor A. Convertino, Lawrence E. Armstrong, Edward E. Coyle, Gary W. Mack, Michael N. Sawka, Leo C. Senary Jr, et Michael Sherman (1996) « American College of Sports Medicine Position Stand : Exercise and Fluid Replacement », *Medicine and Science in Sports and Exercise*, 28 (1) : i.

LES MEILLEURES SOURCES D'EAU

La plus simple façon de trouver de l'eau est de la tirer directement du robinet. Mais la contamination de l'eau de distribution, soulignée aux États-Unis par plusieurs rapports, constitue, à juste titre, une préoccupation pour beaucoup. L'eau distribuée dans de nombreux sites contient en effet des contaminants tels que le plomb, des pesticides, et des dérivés chlorés à des taux qui dépassent les limites fédérales. Une sage décision consiste à acheter un purificateur d'eau, qui la débarrasse du plomb et des autres contaminants. Certains filtres s'attachent directement au robinet, d'autres font partie intégrante du système d'adduction. L'une des méthodes les plus économiques et les plus efficaces consiste à placer un filtre directement dans un pichet spécial à l'intérieur de votre réfrigérateur.

Une autre option est de se procurer de l'eau embouteillée, dont il existe plusieurs centaines de marques [1]. Les plus en vogue contiennent de l'eau de « source » ou eau « minérale ». La première est tirée de nappes souterraines alors que la seconde provient de réserves situées sous des formations rocheuses. Elle renferme davantage de minéraux que toutes les autres sources.

Une autre sorte d'eau commercialisée est l'eau de « de table », qui provient de couches aquifères. Ces trois variétés d'eau embouteillée peuvent encore contenir des contaminants [2].

L'eau distillée constitue une autre sorte d'eau embouteillée. Elle a été purifiée par vaporisation puis condensée. L'un de ses inconvénients est qu'elle ne contient habituellement aucun minéral. Le fluor, un minéral essentiel à l'hygiène bucco-dentaire, fait défaut à beaucoup d'eaux embouteillées.

Certains apprécient l'eau de Seltz. Il s'agit d'eau rendue pétillante par l'addition de gaz carbonique sous pression. Beaucoup de produits de ce type sont aromatisés et contiennent du saccharose ou du fructose.

Quelle que soit celle que vous choisissiez, assurez-vous de boire les 8 à 10 tasses minimales d'eau dont vous avez quotidiennement besoin pour rester bien hydraté.

L'EAU EST-ELLE SUPÉRIEURE AUX BOISSONS DE L'EFFORT ?

Dans certains cas, oui. Pour des exercices d'une durée inférieure ou égale à une heure, l'eau constitue encore la meilleure boisson possible. C'est le nutriment qu'il vous faut remplacer pendant et après une séance.

Mais les boissons énergétiques ont aussi leur place, principalement pour des exercices dépassant une heure, et particulièrement pour les exercices d'endurance ou d'ultra-endurance. Ces produits se composent d'un mélange d'eau, de glucides et d'« électrolytes ». Dans l'organisme, ces derniers sont des minéraux dissous formant une sorte de soupe salée à l'intérieur et autour des cellules. Ils portent une charge électrique qui les fait réagir avec d'autres minéraux pour transmettre l'influx nerveux, provoquer la contraction ou la relaxation des muscles, et réguler l'équilibre hydrique intra- et extracellulaire. Lors d'entraînements intenses ou de compétitions de plus d'une heure, on peut perdre des électrolytes par la sueur. Les « boissons de l'effort » assurent deux fonctions : elles remplacent l'eau et les électrolytes perdus par la sueur, et délivrent une petite quantité de glucides aux

(1) Note du traducteur : en France cette diversité est aussi de mise.
(2) Note du traducteur : en France, des contrôles réguliers garantissent au consommateur l'inocuité des eaux « minérales », dotées de vertus médicales, ou de celles de « source », dont la composition doit demeurer invariante.

muscles actifs. La plupart des ces produits sont fabriqués avec un taux de glucides de 6 à 8 %. Il s'agit soit de glucose (un sucre simple), soit de fructose (un sucre tiré du fruit), soit de saccharose (le « sucre » tel qu'on l'entend, constitué d'un mélange de glucose et de fructose), de « maltodextrines », un glucide complexe dérivé du maïs, ou d'une combinaison de tous ces sucres.

Du fait qu'elles contiennent des glucides, ces boissons bénéficient aux athlètes participant à des compétitions d'une heure ou plus. Voici pourquoi : les glucides de ces boissons réduisent l'utilisation des réserves de glycogène musculaire et hépatique. Lors des épreuves, les sportifs peuvent alors courir, pédaler ou nager plus longtemps, car ce supplément glucidique a permis d'économiser les réserves de glycogène.

Il n'existe aucune donnée indiquant que les électrolytes améliorent la performance physique. On n'en a donc pas besoin en quantité accrue, à moins de présenter un déficit minéral identifié par votre médecin, ou dans le cas d'une perte quotidienne excessive de sueur, de l'ordre de 3 % du poids corporel (par exemple : 1,8 l pour un athlète de 60 kg). Les adeptes de l'ultra-endurance comptent parmi les individus qui doivent remplacer des électrolytes. Mais si vous ingérez une ration équilibrée, riche en fruits et légumes, vous obtenez votre quota de minéraux.

En plus de leur facilité à restaurer les liquides, les minéraux et les glucides corporels, ces boissons peuvent renforcer votre système immunitaire. Cette information surprenante nous provient de l'université des Appalaches où des chercheurs ont soumis deux groupes de marathoniens à des exercices de deux heures et demi sur tapis roulant, à une intensité assez élevée. Le premier groupe reçut 700 ml d'une boisson énergétique (Gatorade) 30 minutes avant l'effort, puis reçut à nouveau 225 ml toutes les 15 minutes d'effort, et enfin à nouveau 700 ml au cours d'une période de récupération de 6 heures. L'autre groupe reconstitua ces réserves hydriques selon le même timing, mais avec un placebo sans glucide.

Les chercheurs effectuèrent des prises de sang et constatèrent que les utilisateurs de boissons énergétiques présentaient un taux de cortisol plasmatique plus bas que leurs homologues sous placebo. Le « cortisol » est une hormone qui supprime la réponse immunitaire. Le responsable de cette équipe de chercheurs, le professeur David Nieman, fut cité dans les colonnes de *Runner' World* pour avoir déclaré : « *Il semble que la glycémie augmente, le taux de cortisol reste bas, et que la fonction immunitaire demeure relativement puissante.* »

Du fait qu'il ne s'agit que d'une étude isolée, on ne dispose de toute évidence pas de réponse complète et définitive sur la relation glucose-immunité. Ce travail est néanmoins intrigant.

Les boissons de l'effort sont conçues initialement pour les sports d'endurance. Mais elles sont aussi intéressantes pour les culturistes qui pratiquent des exercices aérobies, particulièrement les exercices effectués à la chaleur. Le meilleur moment pour absorber l'une de ces boissons se situe au cours de ces séances aérobies ou lors de toute séance fatigante, surtout pendant la saison chaude. C'est le moment de l'année où les pertes hydriques sont les plus importantes. Durant cette période, on peut perdre davantage d'électrolytes, même si leur concentration dans la sueur diminue à mesure que l'on est mieux préparé.

Là où ces produits présentent une supériorité sur l'eau, c'est sur le plan gustatif. Beaucoup de gens ne boivent pas assez d'eau simplement parce qu'elle n'a pas bon goût. Lorsque des soldats participant à une étude conduite par l'Institut de recherche de l'armée américaine sur la médecine environnementale se virent proposés le choix d'eau pure chlorée, d'eau aromatisée ou d'une boisson au goût citron-lime, la plupart choisirent parmi les deux dernières. Une façon d'ingérer davantage d'eau et de conserver le goût de votre boisson d'effort consiste, si vous n'avez pas besoin des glucides, à la diluer.

Si vous êtes un avide buveur d'eau, et l'appréciez vraiment, vous tirerez autant de bénéfice de l'utilisation d'eau que de boisson énergétique, à moins que vous n'effectuiez un effort de plus d'une heure. Mais si vous n'appréciez pas l'eau, ou tendez à l'éviter en cours d'exercice, essayez l'eau filtrée, dotée d'une saveur plus agréable. Vous pouvez aussi essayer une boisson énergétique renfermant moins de 8 % de glucides et du sodium. Une autre idée est d'ajouter un peu de poudre de boisson énergétique à votre eau, même si cette catégorie de produit n'a pas aussi bon goût que leurs homologues tout prêts. Finalement, si une boisson d'effort vous a permis de boire plus, elle a rempli sa mission.

LES JUS DE FRUIT FONT-ILS DE BONNES BOISSONS D'EFFORT ?

Les jus de fruits représentent une bonne source de liquide. Le jus d'orange, par exemple, se compose d'eau à presque 90 % et regorge de vitamines et de minéraux. Ces produits comptent dans vos apports hydriques, vous vous sentirez au mieux si indépendamment vous buvez chaque jour de huit à dix tasses d'eau, voire plus.

Certaines précautions sont à prendre en compte concernant l'utilisation des jus de fruit dans votre ration d'entraînement. Ces dernières années, leurs effets bénéfiques sur la santé ont été accueillis avec beaucoup d'enthousiasme. Les fabricants de distributeurs automatiques de jus de fruits prétendent que ceux-ci constituent la panacée contre toutes sortes de maladies, des troubles digestifs aux cancers. Mais est-ce mieux de consommer sous forme de liquides vos cinq portions journalières de fruits et légumes frais, ou de les manger ? Tant s'en faut ! Dans la plupart des jus, on a enlevé la pulpe des fruits ou des légumes lors de la fabrication. Cela signifie que les fibres, si importantes, ont également été soustraites, puisque c'est dans la pulpe qu'on les trouve. Certes, certains fabricants se

Nutrition de l'effort : réalité et fiction

Les « soft drinks » réhydratent-ils réellement bien ?

S'ils en avaient le choix, beaucoup de gens, pour se réhydrater après l'effort, opteraient plutôt pour un « soft drink » (soda, cola, boissons aux fruits ou limonade) que pour l'eau. Qui peut les en blâmer ?

Ces boissons sont bonnes, semblent étancher correctement la soif, et sont en général rafraîchissantes. Mais il s'agit du pire choix possible : elles sont saturées de sucre, en gros l'équivalent de dix cuillerées à café par bouteille. À cause de cette teneur en sucre, elles font l'objet d'une absorption plus lente que celle de l'eau pure. Le sucre qu'elles contiennent maintient le liquide plus longtemps dans l'estomac. En conséquence, moins d'eau sera disponible pour votre organisme. En fait, au lieu de réhydrater, elles peuvent aggraver votre soif. Le sucre peut aussi déclencher une brusque montée d'insuline, à laquelle fait suite une rapide chute de la glycémie. Cette réaction peut vous laisser fatigué et faible. Enfin, le constituant glucidique de ces boissons est souvent du sirop de maïs, très riche en fructose, lequel restaure moins vite le glycogène que les autres formes de glucides.

Que penser des boissons « light » ? Ces boissons contiennent des édulcorants artificiels, qui demeurent controversés. Par ailleurs, tous les « soft drinks » sont évidemment carbonatés, processus qui produit du gaz. Ce n'est pas bénéfique : qui voudrait d'un estomac qui en soit plein, notamment pour fournir un effort ?

Diluer ces boissons ne constitue pas non plus un bon choix. Même ainsi, elles n'ont rien de bénéfique à proposer. En fait, en ce qui concerne la réhydratation, aucun liquide — y compris les boissons édulcorées — n'a apporté la preuve de sa supériorité sur l'eau pure.

vantent de pouvoir conserver la pulpe du jus pour y retenir ces précieuses fibres et y concentrer les nutriments. Cela donne habituellement un jus si épais qu'il faut le diluer avant de le boire, comme avec n'importe quel jus concentré. Une fois qu'il est dilué, il présente la même valeur nutritionnelle que n'importe quel autre type de jus, hormis un taux de fibres plus élevé.

On dit souvent que les fruits fraîchement pressés sont une meilleure source de nutriments que les jus du commerce. Si ces derniers sont correctement surgelés et réfrigérés, ils renferment à peine moins de nutriments que les jus frais. En fait, si vous n'achetez pas des produits de grande fraîcheur, que vous ne les stockez pas convenablement chez vous et que vous ne buvez pas vos fruits pressés immédiatement, votre jus « maison » peut contenir moins de nutriments qu'un produit industriel bien préparé.

Qu'ils soient cuits, pressés, séchés ou râpés, les fruits et les légumes doivent représenter une part importante de votre alimentation. Si l'utilisation d'une centrifugeuse est pour vous un moyen agréable d'absorber plus de fruits et de légumes, alors achetez-en une. Mais souvenez-vous des inconvénients des jus, et ne faites pas d'eux votre seule source de végétaux frais. Si vous désirez en boire un pour vous réhydrater, coupez-le d'eau pour le diluer de moitié. Une tasse de jus d'orange ou de pomme couplée à une tasse d'eau délivre une solution glucidique à 6 ou 8 %, exactement comme une « boisson énergétique » classique. N'utilisez cependant pas cette formule lors d'un exercice à cause du fructose qu'elle apporte. Notre organisme ne l'utilise en effet pas aussi bien que les combinaisons de glucides des préparations classiques. De plus, certains sujets manifestent une sensibilité à cette substance qui peut leur causer des crampes intestinales après la consommation de jus de fruit.

Buvez votre mélange d'eau et de jus plutôt après l'effort. L'addition d'eau va accélérer la vidange gastrique et ainsi réhydrater l'organisme plus vite, alors que les glucides faciliteront le renouvellement du glycogène.

L'ALCOOL : COMMENT ENTRER DANS UNE ZONE DANGEREUSE

Il y a déjà longtemps qu'un de mes clients m'a demandé si la bière était un bon moyen de reconstituer ses réserves d'eau et de glycogène. Mais on m'interroge aussi fréquemment pour savoir si l'alcool altère les performances physiques. Plus souvent encore, mes patients veulent savoir si une faible consommation d'alcool peut réellement être mauvaise pour le cœur. Grâce aux connaissances et aux recherches scientifiques en constant développement, on peut répondre à ces questions, et même aller plus loin.

En quoi consiste l'alcool ?

L'alcool est un glucide, mais à l'inverse des autres glucides, il n'est pas converti prioritairement en glucose. Au contraire, il se transforme plutôt en acides gras et il peut donc être plus facilement stocké en graisses dans notre corps. Ainsi, si vous vous entraînez mais buvez de l'alcool, le stockage des graisses sera activé. Il n'est pas votre ami si vous tentez de rester mince.

L'alcool pur délivre 7 calories par gramme, et rien d'autre. En termes pratiques, un flash de gin (40 g) contient 110 calories. La bière a un peu plus à offrir, mais pas tant que cela. En moyenne, un bock d'un tiers de litre renferme 146 calories, 13 g de glucides, des traces de vitamines du groupe B et, selon la marque, des quantités variables de minéraux. La bière « light » et la bière « sans alcool » sont plus pauvres en calories, et quelquefois en glucides. La teneur calorique des vins de table est invariante. Une dose de 100 ml de vin de table contient environ

72 calories, un gramme de glucides, et d'infimes quantités de vitamines et minéraux. Les vins doux ou les vins sucrés délivrent plus de calories, environ 90 calories pour 60 g.

Quels effets secondaires exerce-t-il ?

Aujourd'hui, l'alcool représente la drogue la plus utilisée aux États-Unis. 10 % des consommateurs sont dépendants, et de 10 à 20 % sont considérés comme buveurs excessifs ou « à problème ». L'alcool agit comme un dépresseur du système nerveux central. Comparé à n'importe quelle autre substance habituellement utilisée, l'alcool présente l'un des quotients dose efficace/dose létale les plus faibles. En d'autres termes, il n'existe qu'une petite différence entre la quantité qui vous rend ivre et celle qui vous tue. Mais la raison pour laquelle on ne rencontre pas davantage de personnes qui meurent d'intoxication par l'alcool est que l'estomac s'y montre très sensible et le rejette par des vomissements.

L'éthylisme aigu donne lieu à des tremblements, de l'anxiété, de l'irritabilité, des nausées et des vomissements, une diminution des aptitudes cérébrales, du vertige, le coma et la mort. À fortes doses, l'usage chronique d'alcool provoque la perte de nombreux nutriments corporels, parmi lesquels la thiamine, la vitamine B6, et le calcium. De plus, l'abus d'alcool occasionne des effets secondaires négatifs sur chaque organe de notre corps, notamment le foie, le cœur, le cerveau et les muscles, et peut ainsi conduire au cancer et à des atteintes hépatiques, pancréatiques ou cérébrales.

Par ailleurs, ne buvez d'alcool sous aucune forme si vous êtes enceinte. Il peut provoquer des malformations fœtales.

L'abus d'alcool peut aussi provoquer des accidents, ainsi que des problèmes d'ordre social, psychologique ou émotionnel.

Comment l'alcool affecte-t-il le niveau de performance ?

Du fait qu'il déprime le système nerveux central, l'alcool perturbe l'équilibre et la coordination et affecte les performances physiques. La force et la puissance, l'endurance musculaire, et l'endurance aérobie pâtissent tous de l'usage de l'alcool. Il déshydrate également de manière considérable.

L'alcool est-il réellement bon pour le cœur ?

La recherche a établi que la consommation quotidienne d'une boisson alcoolisée peut faire du bien à votre cœur en modifiant favorablement le taux sanguin du bon cholestérol (le HDL). Or, plus ce taux est élevé, plus faible est le risque cardio-vasculaire.

Cependant, l'ingestion excessive d'alcool accroît ce risque. En effet, la prise de plus de deux boissons alcoolisées par jour peut augmenter votre pression artérielle et contribuer, en outre, à ce que votre taux de triglycérides soit élevé, ce qui constitue un facteur de risque. Boire de manière routinière de grandes quantités d'alcool peut être à l'origine d'une insuffisance cardiaque et conduire à l'attaque.

La consommation d'alcool contribue à l'obésité, qui représente un autre facteur de risque majeur dans le développement de la maladie cardiaque. Une surcharge pondérale fatigue votre cœur. Plus votre poids grimpe, plus vous êtes exposé. Avoir une surcharge pondérale élève aussi la pression artérielle et le taux de cholestérol, qui eux-mêmes représentent deux facteurs de risque.

Est-ce qu'un verre par jour protège efficacement ?

Les risques dus à l'alcool dépassent largement les avantages qu'il apporte. Si vous consommez des boissons alcoolisées, faites-le donc avec modération, au cours des repas, et de façon à ne nuire ni à vous ni à autrui. La modération se définit ainsi : pas plus d'une boisson alcoolisée par jour pour les femmes, et pas plus de deux pour les hommes. Une dose correspond à un tiers de litre de bière, à 150 ml de vin, ou à 12-25 ml d'alcool fort distillé.

Rappelez-vous ceci : l'exercice, l'arrêt du tabagisme, et la baisse de votre cholestérolémie par une alimentation saine constituent les meilleurs moyens de prévenir les maladies cardio-vasculaires, sans risque associé.

6

Les vitamines et les minéraux de la musculation

Vous souhaitez évoluer, vous défoncer, gagner un corps aux muscles saillants ? Chaque fabricant de compléments nutritionnels affirme détenir la substance qui vous convient. Vous avez certainement passé des heures à parcourir les listes de composants de tels produits, et à vous demander lesquels étaient vraiment performants. Leurs publicités promettent, à coup sûr, des résultats spectaculaires.

Les scientifiques commencent seulement à se pencher sur les besoins nutritionnels liés au développement musculaire. La recherche s'avère prometteuse, mais il reste du chemin à parcourir avant d'arriver à distinguer ce qui fonctionne de ce qui n'a aucune utilité.

Les vitamines et les minéraux figurent parmi les nombreuses pilules et potions qu'on trouve dans les rayons des magasins. Il est fort possible que vous ayez besoin d'un supplément des uns ou des autres. Des recherches montrent ainsi que la plupart des Américains et des Français ne satisfont pas leurs besoins en beaucoup de nutriments clés, notamment en vitamines C, E et B12, en acide folique, en zinc et magnésium. Cela explique pourquoi un nombre croissant d'entre eux se tourne vers les compléments. Une étude menée par les centres pour le contrôle et la prévention des maladies montre qu'aux États-Unis plus de 60 % de la population générale en prend quotidiennement.

Les séances difficiles accroissent vos besoins nutritionnels, tout comme les régimes. C'est pour cela que vous voulez peut-être ajouter certains de ces composés à votre arsenal nutritionnel. Gardez cependant à l'esprit que ces compléments ne remplacent pas les aliments. Votre organisme peut tirer quasiment tout ce dont il a besoin d'une ration équilibrée. Qui plus est, il assimile mieux ce qui provient directement des aliments.

Cependant, si vous voulez vous assurer de ne manquer de rien, une bonne initiative consiste à absorber chaque jour une préparation antioxydante contenant 100 % des apports recommandés pour les vitamines et les minéraux. Ces préparations vous aident à couvrir vos « besoins de base » et renferment des substances présentant un intérêt plus particulier pour les culturistes.

LES ANTIOXYDANTS

Des antioxydants tels que le bêta carotène, les vitamines C et E, le sélénium, le cuivre, le zinc et le manganèse suscitent beaucoup d'intérêts dans les sports de force. Les « antioxydants » aident à neutraliser les radicaux libres naturellement produits par notre organisme et à l'origine de dommages cellulaires irréversibles. L'attaque radicalaire peut rendre l'organisme plus vulnérable au vieillissement, au cancer, aux maladies cardio-vasculaires, et aux atteintes dégénératives comme l'arthrose.

Certains facteurs environnementaux tels que la fumée de cigarette, les gaz d'échappement, les radiations, l'exposition excessive aux rayonnements solaires, certains médicaments, et le stress peuvent accroître la formation des radicaux libres. Et, ironiquement, il en va de même de l'habitude saine qui consiste à faire du sport.

Personne ne peut expliquer de manière sûre pourquoi ni comment l'exercice est en cause, mais plusieurs théories existent. L'une concerne la respiration. Lors de celle-ci, les cellules prélèvent des électrons dans les sucres et les ajoutent à l'oxygène pour générer de l'énergie. Il arrive parfois, au cours de ces réactions, que des électrons s'échappent et entrent en collision avec d'autres molécules, créant alors des radicaux libres. L'exercice augmente le débit respiratoire, ce qui accroît la production de radicaux libres.

La température corporelle, qui tend à s'élever au cours de l'effort, peut également entrer en jeu. Une troisième possibilité concerne l'accroissement de la production de catécholamines lors de l'effort. Il s'agit d'hormones libérées en réponse à l'exercice musculaire. Entre autres fonctions, elles accélèrent le pouls, augmentent l'irrigation des muscles, et leur fournissent des carburants.

Les antioxydants aident à lutter contre les radicaux libres qui peuvent se former lors de l'exercice.

© Terry Wild Studio

Les dommages musculaires consécutifs à un exercice intense, notamment de type « excentrique », lorsqu'on court en descente par exemple, constituerait une autre source de radicaux libres. Cela provoquerait des lésions tissulaires à l'origine d'une production de radicaux libres pendant plusieurs jours [1]. Toujours est-il que plusieurs réactions complexes surviennent au cours de l'exercice, chacune d'elle pouvant accélérer la formation de radicaux libres.

La vitamine E et l'exercice

Voici cependant une nouvelle réjouissante : les antioxydants peuvent diminuer les atteintes radicalaires liées à l'exercice. Ce sont de loin, parmi toutes les études qui leur ont été consacrées, celles portant sur la vitamine E qui se sont révélées les plus prometteuses. La vitamine E est présente dans les membranes des cellules musculaires. Une partie de son rôle consiste à neutraliser les radicaux libres produits lors de l'effort, et donc à protéger les tissus. Des chercheurs l'ont soumise à une étude poussée, et ont découvert comment elle agissait vraiment.

Dans une étude dirigée par le Dr William Evans, de l'État de Pennsylvanie, des individus âgés de 55 ans reçurent soit 800 mg/jour d'un supplément de vitamine E, soit un placebo. On leur demanda de courir ou de marcher en descente. Afin de juger du rôle protecteur éventuel de la vitamine E, on mesura la production de deux substances particulières, d'une part, les « neutrophiles » (une catégorie particulière de globules blancs), d'autre part, la « créatine kinase » (un enzyme localisé à la surface des membranes). Lorsque leur production chute, les processus de réparation musculaire sont faibles : les radicaux libres se multiplient, infligeant des dommages plusieurs jours après l'exercice. Inversement, lorsque la production des substances s'accélère, les muscles sont en voie de guérison, et les radicaux libres sont neutralisés.

Voici ce qui s'est finalement produit : le groupe supplémenté a produit en plus grande quantité ces deux marqueurs. Ceci indique que la vitamine E protège efficacement contre les atteintes musculaires et les répercussions de la production radicalaire.

Dans cette étude, on testa également des sujets âgés de trente ans ou plus jeunes encore. Cette fois, ils répondirent à l'exercice de manière identique, qu'ils aient reçu ou non la vitamine. Le Dr Evans en a conclu que son taux décroît avec l'âge, et que les besoins de l'organisme augmentent alors, ce qui rend utile la prise de compléments. Même en donnant ici 800 mg/j (UI) de vitamine E, W. Evans considère qu'un apport deux fois moindre amènerait un bénéfice similaire [2].

---

(1) Cette hypothèse « mécanique » fait encore l'objet de débats controversés au sein du monde scientifique.
(2) Note du traducteur : cet apport de 400 UI représente 20 fois les « apports recommandés quotidiens ».

Les autres antioxydants

Un cocktail d'antioxydants peut aussi s'avérer utile, notamment dans la prévention du stress oxydatif, une situation pendant laquelle les radicaux libres dépassent en nombre les antioxydants. C'est ce que suggère une étude menée à la faculté de médecine de Saint-Louis. Durant un mois, des étudiants en médecine non sportifs ont reçu quotidiennement de fortes doses d'antioxydants, 1 000 UI de vitamine E, 1 250 mg de vitamine C, et 37,5 mg de bêta carotène. Les doses étaient réparties en cinq gélules journalières. Certains ont ingéré un placebo.

Avant la supplémentation, les étudiants ont effectué un test de course sur tapis roulant : après 40 minutes à une allure modérée, ils devaient réaliser 5 minutes à une allure très intense, les menant à l'épuisement. Ce test fut répété après la supplémentation.

Les chercheurs ont découvert que le stress oxydatif causé par l'exercice était plus important avant la prise du complément. En d'autres termes, il survenait davantage de dégâts cellulaires importants. On relevait aussi un stress oxydatif en présence d'antioxydants, mais d'une ampleur moindre. Les chercheurs en ont conclu que leur ingestion offrait une protection efficace aux tissus.

La plupart des études qui ont porté sur les antioxydants ont été faites à partir des sports d'endurance. Mais qu'en est-il des disciplines de force ? Si vous vous entraînez de manière conséquente, vous lésez beaucoup de tissus. De plus, vos muscles génèrent des radicaux libres pendant et après l'exercice. Pour ces raisons, les culturistes peuvent tirer un certain bénéfice de la prise de compléments d'antioxydants, qui peuvent les protéger efficacement de l'attaque radicalaire.

La majorité des gens avec lesquels j'ai travaillé absorbent des rations déficitaires en vitamine E et en la plupart des antioxydants. L'une des raisons en est que les sujets actifs et préoccupés de leur santé mangent classiquement peu de lipides. Or, les lipides fournis par les huiles végétales, les oléagineux ou les graines comptent parmi les meilleures sources de vitamine E. De plus, on sait que certaines personnes actives, notamment les culturistes, restreignent leur consommation de fruits. Mal informés, ils croient en effet, à tort, que le fructose apporté va se transformer en graisses. Mais en évitant les fruits, ils se privent de denrées très riches en deux antioxydants, le bêta carotène et la vitamine C.

Les compléments d'antioxydants et la performance

Si vous en prenez, parviendrez-vous à vous entraîner plus longtemps et plus durement ? La recherche n'a pas permis d'établir si la prise de compléments d'antioxydants améliore véritablement les performances. Mais si vous êtes sous-alimenté, c'est-à-dire si vous présentez un déficit vitaminique, vous vous sentirez indiscutablement mieux et améliorerez vos résultats en corrigeant cette carence.

En revanche, si votre régime est déjà riche en antioxydants, une supplémentation n'exerce aucune influence positive.

Combien en faut-il ?

La quantité de vitamine C et de bêta carotène qui suffit à assurer un effet protecteur se trouve aisément dans l'alimentation. Pour couvrir vos besoins, imposez-vous d'absorber chaque jour au moins trois à cinq portions de légumes et deux à quatre portions de fruits.

Quant à la vitamine E, il semble adéquat d'en fournir 100 à 400 UI par jour sous forme de complément [3]. Pour accroître votre prise d'antioxydants, assurez-vous bien que celui que vous utilisez en renferme. Leurs fonctions sont résumées dans le tableau 6.1.

LES VITAMINES DU COMPLEXE B

On trouve dans cette famille de nutriments 8 vitamines importantes qui sont la thiamine, la riboflavine, la niacine, la vitamine B12, la pyridoxine, l'acide folique, l'acide pantothénique, et la biotine, qui agissent en synergie pour assurer une digestion correcte, la contraction musculaire et la production d'énergie. Certes, elles n'améliorent pas la performance, mais l'entraînement et la nature de la ration modifient nos besoins en certaines de ces vitamines.

La thiamine

La thiamine participe à la libération d'énergie à partir des glucides. Le contenu en glucides et en calories de votre ration détermine les besoins en thiamine. Grâce à une alimentation bien équilibrée et riche en glucides, vous parvenez en général à ingérer la totalité des quantités requises. Les céréales non raffinées, la levure de bière, les légumes secs et les oléagineux en constituent les meilleures sources.

On connaît cependant une possible exception à cette constatation : supplémentez-vous votre ration avec une préparation glucidique pour augmenter l'apport calorique ? Si c'est le cas, il se peut que vous ayez besoin d'un complément en vitamine B1, surtout si la préparation glucidique employée n'en renferme pas [4].

---

(3) Note du traducteur : les instances médicales françaises ne partagent pas cette conception américaine d'une supplémentation systématique. Elles optent pour un concensus plus prudent, celui d'un apport de l'ordre de 100 à 200 % des apports recommandés.
(4) Note du traducteur : la législation française des « produits de l'effort » impose la présence de cette vitamine à des taux appropriés.

Tableau 6.1. Les principaux antioxydants.

LES VITAMINES	
Bêta-carotène	
Fonctions en rapport avec l'exercice	Peut réduire la production de radicaux libres due à l'effort et protéger contre les dommages tissulaires provoqués par ceux-ci. Complète l'action antioxydante de la vitamine E.
Meilleures sources	Carottes, patates douces, épinards, brocolis, cantaloup, tous les légumes à feuilles vertes, légumes de couleur orange et fruits frais.
Effets secondaires et toxicité	On n'en connaît pas, du fait que l'organisme contrôle très prudemment sa conversion en vitamine A. Une ingestion quotidienne de 20 000 UI par les aliments ou des compléments, poursuivie plusieurs mois, peut provoquer une coloration jaune de la peau, qui disparaît lorsqu'on réduit le dosage.
Apports recommandés pour les adultes	Pas de limite établie. Une supplémentation quotidienne à raison de 2 500 UI s'avère sans danger. C'est la dose qui correspond à une grosse carotte !
Vitamine C	
Fonctions en rapport avec l'exercice	Maintient la structure du tissu conjonctif, améliore l'absorption du fer. Peut réduire les dommages radicalaires causés par l'exercice et protège les tissus des dégâts causés par l'exercice.
Meilleures sources	Agrumes frais et en jus, poivrons verts, chou cru, kiwi, légumes à feuilles vertes.
Effets secondaires et toxicité *Apports recommandés pour les adultes*	L'organisme s'adapte à des doses élevées. Mais si elles excèdent 250 mg/j, elles peuvent altérer le système immunitaire. Une dose comprise entre 5 et 15 g/j peut causer des brûlures lors de la miction et de la diarrhée.
Vitamine E	
Fonctions en rapport avec l'exercice	Impliquée dans la respiration cellulaire, participe à la synthèse des globules rouges. Neutralise les radicaux libres. Protège contre les dommages tissulaires dus à l'exercice.
Meilleures sources	Oléagineux, germes de blé cru, huiles végétales poly-insaturées, huiles de foie de poisson.
Effets secondaires et toxicité	Aucun connu.
Apports recommandés pour les adultes	En France, ils sont de l'ordre de 20 mg/j (20 UI). Aux États-Unis, ils sont de 10 UI par jour pour les hommes et 8 UI pour les femmes. On admet aussi que jusqu'à 400 UI/j la supplémentation ne présente aucun danger.

MINÉRAUX	
Sélénium	
Fonctions en rapport avec l'exercice	Interagit avec la vitamine E lors de la croissance et dans le métabolisme. Préserve l'élasticité de la peau. Cofacteur de la « glutathion peroxydase », enzyme protégeant contre les radicaux libres.
Meilleures sources	Son de céréales, noix du Brésil, céréales complètes, jaunes d'œufs, lait, poulet, fruits de mer, brocoli, ail et oignon.
Effets secondaires et toxicité	Une prise quotidienne de 5 mg a provoqué la chute des cheveux et des altérations des ongles. Des dosages supérieurs sont liés à des troubles intestinaux, de la fatigue et de l'irritabilité.
Apports recommandés pour un adulte	De 50 à 100 µg/j en France.
Cuivre	
Fonctions en rapport avec l'exercice	Participe indirectement à la formation de l'hémoglobine et des globules rouges par son action qui facilite l'absorption du fer. Nécessaire au métabolisme énergétique. Cofacteur de la « superoxyde dismutase », enzyme protectrice anti-oxydante.
Meilleures sources	Céréales complètes, crustacés, œufs, amandes, légumes à feuilles vertes, et haricots secs.
Effets secondaires et toxicité	Sa toxicité est rare.
Apports recommandés pour un adulte	De 1,5 à 3 mg/j.
Zinc	
Fonctions en rapport avec l'exercice	Impliqué dans le métabolisme énergétique.
Meilleures sources	Protéines animales, huîtres, champignons, céréales complètes, germes de blé et levure de bière.
Effets secondaires et toxicité	À des doses supérieures à 20 mg/j, il peut interférer avec l'absorption du cuivre, abaisser le taux du HDL cholestérol et altérer le système immunitaire.
Apports recommandés pour un adulte	15 mg pour les hommes, 12 mg pour les femmes.
Manganèse	
Fonctions en rapport avec l'exercice	Impliqué dans le métabolisme et la croissance. Cofacteur de la « superoxyde dismutase », enzyme-clé de la lutte anti-oxydante.

Meilleures sources	Céréales complètes, jaunes d'œufs, haricots secs et pois, légumes verts à feuilles.
Effets secondaires et toxicité	Le surdosage occasionne des vomissements et des troubles intestinaux.
Apports recommandés pour un adulte	3 mg/j.

Il faudra alors ajouter à votre ration 0,5 mg de thiamine pour un équivalent de 1 000 calories glucidiques. La poursuite d'un régime et des pratiques alimentaires aberrantes peuvent également provoquer de graves carences. Pour vous assurer que vous ne manquez de rien, prenez un complément minéral journalier délivrant 100 % des apports recommandés en cette vitamine, et pas plus de 2 mg.

La riboflavine

Elle aussi aide à libérer l'énergie à partir des aliments. Comme pour la thiamine, ses besoins sont corrélés au niveau calorique de la ration. Pour chaque apport de glucides correspondant à 1 000 calories, un culturiste doit en consommer au moins 0,6 mg.

Certains athlètes peuvent même présenter des besoins supérieurs. Notre organisme la perd facilement, notamment dans la sueur. Dans une étude menée auprès de femmes âgées de 50 à 67 ans, des chercheurs de l'université de Cornell ont découvert que l'exercice accroissait les besoins en cette vitamine. En revanche, en augmenter les apports ne signifie pas qu'on va améliorer les performances. Un travail précédent de cette même équipe a ainsi trouvé que les femmes très actives avaient besoin d'environ 1,2 mg de riboflavine par jour.

Parmi les aliments qui en renferment le plus figurent les laitages, la volaille, le poisson, les céréales, nature ou enrichies. Un complément quotidien de multivitamines contenant 100 % des apports recommandés quotidiens, et jusqu'à 2 mg, peut prévenir un déficit.

La niacine

Comme les vitamines du complexe B précédemment évoquées, la niacine est impliquée dans la libération d'énergie. Nos besoins quotidiens en niacine sont liés à l'apport énergétique. Les quantités qu'il faut quotidiennement sont en relation avec le niveau calorique de la ration. On les chiffre à 6,6 mg pour 1 000 calories, ou 13 mg pour 2 000 calories/j. Si vous employez un complément glucidique dénué de vitamine PP, assurez-vous que votre alimentation vous apporte bien la quantité requise. Les meilleures sources en niacine sont constituées par les viandes maigres, la volaille, le poisson, et les germes de blé. La prise journa-lière de votre « multicomplément » vitaminique vous protégera des déficits.

La vitamine B12

La vitamine B12 est indispensable à la fabrication des globules rouges et au fonc-tionnement du système nerveux, elle constitue la seule vitamine uniquement présente dans le règne animal. Elle agit en synergie avec l'acide folique pour for-mer les globules rouges au niveau de la moelle osseuse.

Si vous êtes végétarien et que vous excluez tout produit animal, assurez-vous que vous absorbez suffisamment de vitamine B12. On a longtemps cru que les ali-ments fermentés tels que le tempeh et le miso en contenaient un peu [5]. Mais on n'en trouve que dans les aliments enrichis en cette vitamine. La démarche la plus sûre consiste à supplémenter avec un complément multivitaminé contenant de 3 à 10 μg de vitamine B12.

L'acide folique

Il s'agit de la vitamine qui, avec la vitamine B12, participe à la production de globules rouges au niveau de la moelle osseuse. Présente dans les légumes à feuilles vertes, les légumes secs et les céréales complètes, elle aide les cellules reproductrices à synthétiser des protéines et des acides nucléiques.

L'acide folique retient d'abord l'attention pour son rôle pendant la grossesse. Lors de celle-ci, il participe à l'élaboration de globules rouges supplémentaires et assu-re ainsi l'augmentation du volume sanguin satisfaisant la mère, le fœtus et le pla-centa. Compte tenu de son rôle dans la production du matériel génétique et des cellules sanguines, sa carence peut avoir des conséquences irréversibles dans le développement fœtal. Si on en prive le fœtus, des anomalies peuvent survenir à la naissance. Cette vitamine Est si importante pour les femmes lors de leur gros-sesse qu'on leur en propose désormais dans des aliments enrichis.

Il existe un regain d'intérêt à propos de l'acide folique en raison de son rôle pro-tecteur vis-à-vis des maladies cardiaques et du cancer. Il réduit le taux d'homo-cystéine, un dérivé d'acide aminé, dans les tissus et le sang. Or, des taux élevés de ce composé ont été associés à la maladie cardiaque. Les scientifiques estiment que, chaque année, pas moins de 50 000 morts prématurées pourraient être pré-venues si on absorbait plus d'acide folique.

---

(5) Note du traducteur : les données expérimentales les plus récentes, prouvant l'absence d'activité vitaminique B12 dans ces aliments, nous a incité à modifier le texte d'origine où l'auteru mentionnait leur intérêt comme pourvoyeur de vitamine B12.

De récents travaux ont révélé que des déficits en acide folique provoquaient des atteintes de l'ADN qui ressemblaient à celles observées dans le cas du cancer. Cette découverte a conduit les scientifiques à suggérer que cette maladie pourrait débuter par une atteinte de l'ADN consécutive à une carence en complexe B vitaminique. D'autres études montrent que l'acide folique supprime la croissance cellulaire liée au cancer colorectal. Il prévient aussi la formation de lésions précancéreuses pouvant conduire au cancer cervical. Cette découverte peut expliquer pourquoi les femmes peu friandes de légumes et de fruits (qui sont de bonnes sources d'acide folique), présentent fréquemment cette forme de cancer.

Le stress, la maladie, et la consommation d'alcool accroissent les besoins en acide folique. Vous devez vous assurer que vous absorbez bien vos 400 µg quotidiens, une dose qui est présente dans de nombreux compléments.

La pyridoxine

La pyridoxine, également connue sous le nom de vitamine B6, est nécessaire au métabolisme des protéines. Elle joue aussi un rôle vital dans la formation des globules rouges et assure un bon fonctionnement cérébral. Les meilleures sources sont constituées par des aliments protéiques tels que le poulet, le poisson et les œufs. On en trouve aussi dans le riz brun, les germes de soja, l'avoine et le blé complet.

Les apports recommandés sont fixés à 0,016 mg par gramme de protéine. Des chercheurs finlandais ont trouvé que l'exercice altère quelque peu les besoins en pyridoxine. Ils s'en sont aperçus en mesurant le taux sanguin de divers nutriments chez un groupe de jeunes étudiantes qui avaient suivi un programme d'entraînement de 24 semaines.

Vous vous demandez peut-être si vos besoins en pyridoxine sont satisfaits. Soyez assuré que vous les couvrez sûrement : une ration d'entraînement renfermant des quantités modérées de protéines vous apportera toute la vitamine B6 requise. En d'autres termes, vous n'avez pas besoin de supplémenter. De plus, de fortes doses (plus de 50 mg/j), peuvent causer des lésions nerveuses.

L'acide pantothénique

L'acide pantothénique participe à la libération d'énergie à partir des glucides, des graisses et des protéines. En raison de son ubiquité (et en particulier de son abondance dans les viandes, les céréales complètes et les légumes secs), il est rare d'en rencontrer une carence qui ne soit pas liée à d'un déficit global en vitamines du groupe B : ces vitamines travaillent toutes en équipe. Un apport compris entre 4 et 7 mg par jour est jugé correct. L'exercice n'affecte que très peu son métabolisme. En suivant mon programme nutritionnel pour l'entraînement de la force, vous ingérerez de grandes quantités de cette vitamine, ce qui vous permettra de couvrir les besoins supplémentaires qui pourraient résulter de l'exercice.

La biotine

Elle est impliquée dans le métabolisme des glucides et des graisses que, sans elle, l'organisme ne pourrait brûler. La biotine est aussi un constituant de groupes enzymatiques participant à des réactions biochimiques essentielles. De bonnes sources en sont constituées par les jaunes d'œufs, la farine de soja et les céréales. Même si, par votre seule alimentation, vous ne parvenez pas à ingérer les 30 à 100 μg quotidiens dont vous avez besoin, votre organisme peut les synthétiser grâce aux bactéries intestinales. Il n'existe donc aucune raison de supplémenter avec un surcroît de biotine.

En liaison avec la choline et l'inositol, qui appartiennent aussi au complexe B [6], elle entre dans la préparation de compléments lipotropes, présentés comme brûleurs de graisses [7]. Mais, il n'existe pas de preuve crédible attestant que la biotine et les autres nutriments supplémentés exercent cet effet.

Certaines recherches montrent que, chez les sujets actifs, les taux de biotine sont faibles. Personne ne sait dire pourquoi, mais l'une des explications avancées tient compte de l'exercice. Celui-ci provoque l'accumulation dans les muscles de l'acide lactique. La biotine participe à sa dégradation. Plus ce déchet s'accumule dans les fibres, et plus il faut de biotine pour le détruire. N'allez pas pour autant vous ruer sur des flacons de biotine ! Il n'existe aucune raison d'en avaler des suppléments, puisque notre organisme sait répondre de lui-même à un déficit.

Certains culturistes ont l'habitude de concocter des milk shakes à l'œuf cru. Or, celui-ci contient une protéine, l'avidine, qui se lie à la biotine dans les intestins et en empêche l'absorption. Leur consommation régulière peut alors conduire à un déficit en biotine. En revanche, une fois les œufs cuits, l'avidine est détruite et ce risque disparaît.

LES AUTRES VITAMINES

On présente rarement les vitamines liposolubles A, D et K comme des éléments contribuant à la performance, principalement en raison de leur toxicité à dosage élevé. La vitamine A ou « rétinol » se trouve surtout dans des sources animales

---

(6) Note du traducteur : les Américains rangent ces deux composés parmi les vitamines. En France, on ne partage pas ce point de vue, arguant de leur possible synthèse endogène. On parle plutôt de «semi-vitamines ».

(7) Ces produits, et les allégations vantant leur supposée action métabolique, sont interdits par notre législation.

telles que le foie, l'huile de foie de poisson, la margarine, le lait, le beurre et les œufs. Elle intervient dans la croissance, la réparation des tissus, le maintien de l'acuité visuelle, et la résistance aux infections. Elle permet aussi de maintenir en bon état la peau et les muqueuses. Des doses massives, excédant les ARQ, peuvent provoquer des nausées, des diarrhées, des vomissements, des problèmes de peau et une fragilité osseuse, entre autres problèmes. Le bêta carotène, provitamine antioxydante, se convertit en vitamine A dans notre corps en fonction des besoins quotidiens. On le trouve dans les légumes à feuilles vert foncé, et dans tous les végétaux jaune-orangé.

La vitamine D est unique ; il s'agit aussi d'une hormone que notre corps peut fabriquer lui-même lorsque la peau est exposée aux rayons solaires. Elle renforce les dents et les os, et est nécessaire à l'absorption du calcium. Les laits enrichis constituent l'une des meilleures sources de cet important nutriment. Il n'y a aucune nécessité à supplémenter, du fait que des mégadoses s'avèrent toxiques.

La principale fonction de la vitamine K est de permettre une coagulation normale. Elle est également nécessaire à la synthèse d'autres protéines corporelles du sang, des os ou des reins. Ses déficits sont très rares, et il n'existe aucune raison d'en supplémenter la ration. Ses meilleures sources en sont les laitages, les viandes, les œufs, les céréales, les fruits et les légumes.

Les fonctions des vitamines et leurs possibles interventions liées l'exercice sont résumées dans le tableau 6.2.

Tableau 6.2. Les vitamines.

VITAMINES DU COMPLEXE B	
Thiamine (B1)	
Fonctions liées à l'exercice	Métabolisme des glucides, maintien de l'intégrité du système nerveux, croissance et tonus musculaire.
Meilleures sources	Levure de bière, germe de blé, son, céréales complètes et abats.
Effets secondaires et toxicité	Aucun connu.
Apports recommandés pour un adulte	0,5 mg pour 1 000 calories, avec au moins 1 mg/j pour une ration à 2 000 calories.
Riboflavine (B2)	
Fonctions liées à l'exercice	Métabolisme des glucides, des protéines et des graisses, respiration cellulaire.
Meilleures sources	Lait, œufs, viandes maigres, brocoli.
Effets secondaires	Aucun connu.

Apports recommandés pour un adulte	0,6 mg pour 1 000 calories, avec un minimum de 1,2 mg/j pour une ration à 2 000 calories.
Pyridoxine (B6) *Fonctions liées à l'exercice*	Métabolisme des protéines, formation des globules rouges transportant l'oxygène.
Meilleures sources	Céréales complètes, viandes.
Effets secondaires et toxicité	Atteintes hépatiques et nerveuses.
Apports recommandés pour un adulte	0,016 mg par g de protéines, ou 2,2 mg pour les hommes sédentaires et 2 mg pour les femmes.
Vitamine B12 *Fonctions liées à l'exercice*	Métabolisme des glucides, des protéines et des graisses formation des globules rouges.
Meilleures sources	Viandes, laitages, œufs, foie, poisson.
Effets secondaires et toxicité	Atteintes hépatiques, réactions allergiques.
Apports recommandés pour un adulte	2-3 µg/j.
Niacine *Fonctions liées à l'exercice*	Production de l'énergie cellulaire, métabolisme des glucides, des protéines et des graisses.
Meilleures sources	Viandes maigres, foie, volaille, poisson, cacahuètes et germes de blé.
Effets secondaires et toxicité	Atteintes hépatiques, jaunisse, érythème, démangeaisons, nausées.
Apports recommandés pour un adulte	6,6 mg/1 000 calories.
Acide folique *Fonctions liées à l'exercice*	Régulation de la croissance, dégradation des protéines, formation des globules rouges.
Meilleures sources	Légumes à feuilles vertes, foie.
Effets secondaires et toxicité	Problèmes gastriques, peut masquer certaines anémies.
Apports recommandés pour un adulte	De 400 à 800 µg/j.
Biotine *Fonctions liées à l'exercice*	Dégradation des graisses.
Meilleures sources	Jaune d'œuf et foie.
Effets secondaires	Aucun connu.

Apports recommandés pour un adulte	De 100 à 200 µg/j.
Acide pantothénique *Fonctions liées à l'exercice*	Production de l'énergie cellulaire, oxydation des acides gras.
Meilleures sources	Présence dans une grande gamme d'aliments.
Effets secondaires et toxicité	Aucun connu.
Apports recommandés pour un adulte	De 4 à 7 mg/j.
LES AUTRES VITAMINES	
Vitamine A *Fonctions liées à l'exercice*	Croissance et réparation des tissus, construction de structures tissulaires.
Meilleures sources	Foie, jaune d'œuf, lait entier, légumes jaune-orangé.
Effets secondaires et toxicité	Dérangements digestifs, atteintes des os et de certains organes.
Apports recommandés pour un adulte	De 2,6 mg (femmes) à 3,3 (hommes).
Vitamine D *Fonctions liées à l'exercice*	Croissance et développement normaux de l'os.
Meilleures sources	Rayons solaires, laitages enrichis, huiles de poisson.
Effets secondaires	Nausées, vomissements, durcissement des tissus mous, atteinte rénale.
Apports recommandés pour un adulte	De 2 à 4 µg/j.

LES ÉLECTROLYTES

Les tissus de l'organisme renferment des liquides tant à l'intérieur des cellules (« intracellulaires »), que dans les espaces compris entre elles (« extracellulaires »). Les électrolytes, minéraux porteurs de charges électriques ou ions, sont dissous dans ces deux compartiments. Ils agissent de concert pour régler les mouvements hydriques de part et d'autre de la membrane. Ils participent aussi à la contraction musculaire en facilitant le cheminement des messages le long des membranes neuronales.

Les deux principaux électrolytes sont le sodium et le potassium. Le premier règle l'équilibre des liquides extracellulaires, alors que le second se charge de ce rôle dans les tissus.

Le sodium de la ration provient principalement du sel de table et des aliments industriels. En moyenne, les Américains absorbent de deux à trois cuillerées à café de sel par jour, ce qui est beaucoup trop pour rester en bonne santé. Un objectif plus raisonnable serait la prise de 500 mg/j (le minimum requis) à 2 400 mg/j, ce qui correspond, au maximum, à une cuillerée à thé et quart de sel.

Bien qu'on perde un peu de sodium dans la sueur durant l'effort, on ne doit pas s'en inquiéter et le remplacer par des compléments. Notre ration usuelle en renferme suffisamment pour pallier ces pertes. Qui plus est, notre organisme sait très bien conserver celui qu'il contient.

De sévères déficits sodiques peuvent cependant survenir à l'occasion d'efforts d'ultra-endurance tels que des triathlons, dont la durée dépasse 4 heures. Ingérer une demie à trois quarts de tasse de boisson énergétique toutes les 10 à 20 minutes suffira à satisfaire les besoins en sodium de l'athlète. En revanche, les tablettes de sel ne devraient jamais être envisagées. Elles tendent en effet à chasser l'eau des tissus vers les intestins, ce qui aggrave la situation au lieu de l'améliorer.

Le potassium agit à l'intérieur des cellules pour régler l'équilibre hydrique. Il permet aussi le maintien d'un rythme cardiaque régulier, participe à la contraction musculaire, contrôle la pression artérielle, et aide au transfert de nutriments dans les cellules.

À l'inverse du sodium, l'organisme ne le conserve pas très bien. De ce fait, assurez-vous d'en trouver assez dans votre ration, en mangeant des bananes, des oranges ou des pommes de terre. Il vous en faut de 1 600 à 2 000 mg/j, ce que fournit facilement une ration riche en végétaux frais.

Pour s'affiner, certains culturistes emploient des diurétiques, ces drogues qui accroissent la formation et l'élimination des urines. Il s'agit d'un procédé dangereux, car ces substances chassent le potassium et les autres électrolytes hors du

---

Rien ne vaut les aliments !

Privilégiez-les toujours. Il s'agit de la meilleure source de nutriments offerte à votre corps. Prenez le temps de planifier une ration saine, bien équilibrée, et riche en fruits, en légumes, en céréales, en haricots, en viandes maigres, en laitages allégés et utilisez les recommandations figurant au chapitre 10. Combinée à un entraînement assidu, une bonne alimentation constitue votre meilleur atout pour façonner un corps parfait.

corps. Peuvent alors survenir des déséquilibres minéraux parfois mortels ; lors de compétitions, des culturistes professionnels ont payé de leur vie le recours à ces produits. Je ne vois aucune raison objective à leur utilisation avant une compétition. Leur danger potentiel n'en vaut pas la peine.

LES AUTRES MINÉRAUX VITAUX, LEUR SIGNIFICATION DANS L'ENTRAÎNEMENT DE LA FORCE

Il y a beaucoup d'autres carences minérales susceptibles d'exister dans votre alimentation, surtout si vous pratiquez la compétition. Dans le tableau 6.3, vous trouverez un résumé sur ces minéraux essentiels et leurs fonctions.

Le calcium

99 % du calcium corporel est stocké dans le squelette et les dents. Le restant se situe dans le sang et les tissus mous. Le calcium participe à la conduction de l'influx nerveux, permet la contraction musculaire, et intervient dans les mouvements de nutriments de part et d'autre des cellules. L'activité améliore la rétention du calcium par l'organisme.

Les principales sources alimentaires de calcium sont les produits laitiers. Or, presque tous les culturistes que j'ai conseillés, les évitent comme la peste lors du régime précompétitif. Ces athlètes croient en effet qu'ils renferment beaucoup de sodium. C'est une bêtise ! Une tasse de lait écrémé contient 126 mg de sodium et 302 mg de calcium. Deux blancs d'œufs, aliment très prisé des culturistes et des pratiquants de la musculation, délivrent 212 mg de sodium et seulement 12 mg de calcium. Le sodium ne semble pas constituer un problème ici, et il n'existe aucune meilleure source de calcium pauvre en graisses que le lait écrémé. Alors les laitages sont-ils vraiment vos ennemis ?

Non. Il vous faut absolument intégrer ces denrées à votre ration pour conserver une bonne santé. Avec beaucoup d'aliments riches en calcium, vous y trouverez les quantités requises au maintien d'une calcémie normale. Si elle en renferme trop peu, votre corps prélève ce calcium dans les os, qui deviennent fragiles et cassent. Les zones les plus exposées sont les vertèbres, la hanche et le poignet. La perte d'une partie du calcium des os peut conduire à leur fragilisation pathologique, qu'on nomme l'ostéoporose.

Les culturistes féminines se trouvent particulièrement exposées à la décalcification. Dans une étude que j'ai menée lors des Championnats américains de 1990, à Raleigh, en Caroline du Sud, les participantes devaient noter le contenu de leur alimentation. On détermina leur poids et leur adiposité, et on leur posa des

Un entraînement assidu et une bonne alimentation permettent de façonner un corps parfait.

questions sur leur entraînement, leur nutrition et leur état de santé. Aucune de ces femmes ne consommait ni ne buvait de laitages lors du trimestre des compétitions. La plupart n'en utilisaient même jamais. Aucune ne prenait non plus de compléments de calcium. Le stress physique de l'entraînement, le stress d'ordre psychologique, lié à la compétition, le régime restrictif et la perte de masse grasse, tous ces facteurs mènent à une chute de la production d'œstrogènes du corps. Comme lors de la ménopause, si cette hormone manque, les menstruations s'arrêtent. Pire encore, l'os ne fixe plus aucun calcium dans ces conditions. Évidemment, ces femmes étaient aussi trop maigres. Leur adiposité se situait, en moyenne, à 9 %. Un taux de graisses corporelles extrêmement bas représente un autre facteur prédisposant à la perte de calcium osseux.

Si vos habitudes alimentaires concernant le calcium sont proches de celles-ci, il vous faut réintroduire du calcium en mangeant des aliments qui en contiennent, tels que le lait écrémé et les laitages allégés.

Si, pour une raison quelconque, vous ne pouvez ou ne voulez pas consommer de lait, essayez les yaourts allégés. Ils renferment tout autant de calcium et, souvent, ne pro-

Tableau 6.3. Macrominéraux et oligo-éléments.

MINÉRAUX	
Calcium	
Fonctions liées à l'exercice	Constituant des structures corporelles, participe à la croissance et à la contraction musculaire, et à la transmission de l'influx nerveux.
Meilleures sources	Laitages (seules sources de calcium assimilable).
Effets secondaires et toxicité	Calcification excessive de certains tissus, constipation, problèmes d'absorption de minéraux.
Apports recommandés pour un adulte	1 000 mg/j.
Phosphore	
Fonctions liées à l'exercice	Métabolisme des glucides, des protéines, des lipides, croissance, réparation et entretien des tissus, production d'énegie, acteur de la contraction musculaire.
Meilleures sources	Viandes, poisson, volaille, œufs, céréales complètes, et oléagineux.
Effets secondaires et toxicité	Aucun connu.
Apports recommandés pour un adulte	1 000 à 3 000 mg/j.
Potassium	
Fonctions liées à l'exercice	Maintenance d'un bon équilibre hydrique de chaque côté du compartiment cellulaire, croissance normale, transmission de l'influx nerveux commandant la contraction musculaire, participe à la conversion du glucose en glycogène et à la synthèse de protéines musculaires à partir d'acides aminés.
Meilleures sources	Pommes de terre, bananes, fruits et légumes.
Effets secondaires et toxicité	Troubles cardiaques.
Apports recommandés pour un adulte	De 2,5 à 3,5 mg/j.
Sodium	
Fonctions liées à l'exercice	Maintien d'un bon équilibre hydrique de chaque côté du compartiment cellulaire, contraction musculaire et transmission de l'influx nerveux, permet la solubilisation d'autres ions dans le sang.
Meilleures sources	Se trouve de fait dans toutes les denrées.
Effets secondaires et toxicité	Rétention d'eau et pression artérielle élevée.

Apports recommandés pour un adulte	5 mg/j.
Chlorure	
Fonctions liées à l'exercice	Permet de régler la pression qui provoque les mouvements de liquide de part et d'autre des membranes cellulaires.
Meilleures sources	Sel de table (chlorure de sodium), farine de seigle, varech.
Effets secondaires et toxicité	Aucun connu.
Apports recommandés pour un adulte	Pas d'ARQ, on recommande une ingestion minimale de 500 mg/j.
Magnésium	
Fonctions liées à l'exercice	Métabolisme des glucides et des protéines, contractions neuromusculaires.
Meilleures sources	Légumes secs, fruits de mer, cacao, fruits secs, certaines eaux, céréales complètes, germe de blé, bettes.
Effets secondaires et toxicité	Toxique à forte dose.
Apports recommandés pour un adulte	400 mg/j pour les hommes, 350 mg/j pour les femmes.
OLIGO-ÉLÉMENTS	
Fer	
Fonctions liées à l'exercice	Transport de l'oxygène vers les tissus pour la fourniture d'énergie, formation des globules rouges transporteurs d'oxygène.
Meilleures sources	Foie, boudin, huîtres, viandes maigres, fruits de mer.
Effets secondaires et toxicité	Toxique à forte dose.
Apports recommandés pour un adulte	10 mg pour les hommes, 15 mg pour les femmes, 50 % en plus pour les sportifs.
Iode	
Fonctions liées à l'exercice	Production d'énergie, croissance et développement, métabolisme.
Meilleures sources	Sel iodé, fruits de mer et champignons.
Effets secondaires	Augmentation du volume de la thyroïde.
Apports recommandés pour un adulte	150 µg/j.
Chrome	
Fonctions liées à l'exercice	Assure la normalité du métabolisme des sucres et des raisses.

Meilleures sources	Levure de bière, huile de maïs, céréales complètes, foie, viandes.
Effets secondaires et toxicité	Atteintes rénales et hépatiques.
Apports recommandés pour un adulte	De 50 à 200 µg/j.

Fluor	
Fonctions liées à l'exercice	Aucune connue.
Meilleures sources	Eaux fluorées.
Effets secondaires et toxicité	Toxique à forte dose, peut causer des taches sur les dents.
Apports recommandés pour un adulte	De 1,5 à 4 mg/j.

Molybdène	
Fonctions liées à l'exercice	Intervient dans le métabolisme des graisses.
Meilleures sources	Lait, haricots, pains, céréales.
Effets secondaires et toxicité	Diarrhée, anémie, ralentissement de la vitesse de croissance.
Apports recommandés pour un adulte	75-250 µg/j.

voquent pas les troubles digestifs parfois rencontrés après l'ingestion de lait. Vous pouvez aussi en tirer de sources alternatives [8], telles que certains légumes, le lait de soja fortifié, le soja, les sardines en boîte, si vous avez opté pour un régime sans lait.

Certains individus présentent une intolérance au lactose et ne peuvent pas digérer le lait. Il leur manque la « lactase », cette enzyme nécessaire à la dégradation du lactose, le sucre du lait qui contribue à l'assimilation du calcium. Les yaourts contiennent la lactase, ce qui supprime cette intolérance et les dote d'une très bonne digestibilité. Aux États-Unis, des extraits d'enzymes comme « Lactaid » ou « DairyEase » fournissent la lactase manquante. On y trouve également, dans les supermarchés, le lait « Lactaid » qui a subi un prétraitement avec l'enzyme. On ne les trouve pas en France.

Les compléments de calcium peuvent aussi s'imposer. Les meilleurs sont les sels de carbonate et de citrate-malate. Votre apport de calcium devrait atteindre

---

(8) Aucune famille d'aliments ne contient de calcium aussi bien assimilable que la famille des laitages. La contribution des sources « alternative » est donc mineure.

© Mary Langenfeld

Les culturistes féminines s'exposent à la perte de calcium osseux si elles restreignent l'apport de calcium dans leur ration.

1 200 mg (pour les femmes), et 800 mg (pour les hommes), en tenant compte à la fois des suppléments et des aliments. Les besoins des femmes postménopausées sont de 1 500 mg/j, les femmes enceintes ou qui allaitent en nécessitent de 1 200 à 1 400 mg/j. Le tableau 6.4 indique comment trouver dans votre alimentation quotidienne tout le calcium dont vous avez besoin.

Si votre ration contient un peu de calcium, ne prenez pas la totalité des 800 ou 1 200 mg requis sous forme de comprimés. L'abus de ce minéral peut causer des calculs rénaux chez certains sujets.

Tableau 6.4. Une ration quotidienne de calcium.

Aliment	Portion	Calcium (mg)	Calories
Jus d'orange enrichi	250 g	300	112
Lait écrémé	250 g	301	86
Tofu	120 g	120	88
Yaourts aux fruits à 0 %	2 unités	380	250
Mozzarelle	30 g	200	73
Navets cuits et coupés	250 g	200	50
Total		*1 401*	*659*

Concernant les femmes, signalons que des règles irrégulières, l'absence de cycles ou leur interruption avant une compétition, justifient d'aller voir un médecin du sport ou un gynécologue connaissant bien votre sport. La perte, à un âge précoce, de la production d'œstrogènes peut avoir un impact néfaste sur la santé de vos os. Il se peut que vous développiez une ostéoporose très jeune.

Prenez donc autant soin de l'intérieur de votre corps que de l'extérieur. Ajoutez des laitages à votre ration, et vous resterez bien droit et grand pour bien des années encore.

Le fer

En tant qu'adepte de la musculation, vous détruisez et reconstruisez en permanence du tissu musculaire. Ce processus peut provoquer un accroissement des besoins en fer, ce minéral qui est si essentiel à la santé de l'homme. Qui plus est, il semble exister une fréquente augmentation des pertes de fer lors d'exercices aérobies comme le jogging, la danse ou le step, provoquée par l'onde de choc due au contact du pied sur le sol. Les femmes qui s'entraînent plus de trois heures par semaine, qui ont une grossesse lors des deux dernières années, ou ingèrent moins de 2 200 calories/jour constituent d'autres groupes à risque.

Le principal rôle du fer consiste à se combiner à une protéine pour constituer l'hémoglobine, ce pigment qui donne aux globules rouges leur couleur caractéristique. L'hémoglobine transporte l'oxygène dans le sang, des poumons vers les tissus.

Le fer est également nécessaire à la formation de la myoglobine, qu'on ne trouve que dans le tissu musculaire. Cette protéine fixe l'oxygène au sein des fibres, auxquelles elle donne leur coloration rouge.

Quand l'apport de fer est insuffisant et que vos tissus commencent à en manquer, vous vous épuisez plus facilement et récupérez moins vite.

Les meilleures sources en fer sont constituées par le foie et les autres abats, la viande maigre et les huîtres. On en trouve aussi dans les légumes verts à feuilles, bien que le fer d'origine végétale soit moins bien assimilé que celui des protéines animales.

Les culturistes et les autres personnes actives recherchent peu les viandes riches en fer en raison de leur teneur en graisses. Mais il est fort possible de renforcer le taux de fer de la ration sans pour autant se gaver de bœuf ni de graisses. À l'inverse, si vous ne mangez pas de viande, vous devez attentivement veiller à absorber tout le fer qu'il vous faut. Voici quelques conseils pour cela :

1. Mangez des fruits, des légumes et des céréales complètes qui en contiennent un taux élevé. Vous n'en tirerez certes pas autant de fer que dans les sources animales, mais ces végétaux sont les plus pauvres en graisses.

2. Améliorez l'assimilation du fer en combinant les aliments qui en sont les mieux dotés avec de bonnes sources de vitamine C. Celle-ci facilite en effet le processus d'assimilation. Par exemple, au petit-déjeuner, buvez du jus de raisin en même temps que vous mangez des céréales enrichies, ou arrosez vos crudités avec du jus de citron.

3. Évitez de manger des aliments très riches en fibres et des denrées riches en fer au même repas. En effet, les fibres en inhibent l'absorption ainsi que celle de bien d'autres minéraux. Évitez également la prise simultanée de thé ou d'antiacides, pour les mêmes raisons.

4. Tentez de conserver ou d'ajouter une portion de viande à votre ration. La viande rouge maigre, et les parties sombres de la chair de poulet et de dinde en sont les mieux dotées. Trois portions hebdomadaires de 100 à 120 g de viande amélioreront votre apport en fer. Et si vous les combinez à une source végétale de fer, vous tirerez plus de fer à partir de ces végétaux.

5. Il se peut que vous ayez besoin d'un complément de fer. La prise de 15 mg ou de 100 % des ARQ peut vous faire le plus grand bien. Ne forcez pas pour autant les doses. Plus la dose ingérée en une seule fois est importante, moins votre corps l'absorbera.

Si vous pensez souffrir d'un déficit en fer, parlez-en à votre médecin ou à un diététicien spécialiste de la nutrition du sport. L'automédication à forte dose peut en effet provoquer de sévères problèmes en raison de son danger potentiel.

Le zinc

Le zinc, qui se range parmi les minéraux antioxydants, joue un rôle important dans plus d'une centaine de processus physiologiques, tels que le maintien du goût et de l'odorat, le contrôle de la croissance et la cicatrisation.

Mon travail a révélé que les culturistes, en particulier les femmes, ingèrent des rations qui en contiennent trop peu. C'est un minéral prépondérant chez les sujets actifs. Lors de l'exercice, il peut faciliter l'élimination de l'acide lactique accumulé. Ce processus donne une sensation de brûlure musculaire et peut finalement conduire à la fatigue.

L'abus de zinc peut toutefois constituer aussi une mauvaise chose. On l'associe à de plus faibles taux de HDL cholestérol (le « bon »), chez les gens actifs.

Grâce au recours aux aliments riches en zinc, vous pouvez en ingérer juste ce qu'il vous faut, environ 15 mg/j. La viande, les œufs, les fruits de mer (et particulièrement les huîtres), les céréales complètes en constituent les meilleures sources.

En restreignant votre consommation de viande, vous rendez nécessaire la prise d'un complément de zinc.

Le magnésium

Ce minéral qui, dans notre corps, intervient dans le déroulement de plus de 400 réactions métaboliques, a été considéré comme « ergogène » possible. Une étude met d'ailleurs en relation les apports du magnésium et la force musculaire. Lors de cette étude, un groupe d'homme en reçut 500 mg/j, soit un apport supérieur aux ARQ fixés à 400 mg/j. Un second se contenta de 250 mg/j, soit bien moins que les ARQ. Au terme d'une préparation de huit semaines, on mesura la force de leurs jambes. Le groupe supplémenté montra une amélioration, alors que le second resta au même niveau.

Mais beaucoup de chercheurs ne sont pas encore convaincus du rôle bénéfique du magnésium. Leur prudence s'explique par la méconnaissance du statut nutritionnel des sujets avant l'étude. C'est un point essentiel puisque, pour tout nutriment, une supplémentation qui corrige une carence améliore à la fois les performances et l'état de santé.

En particulier, le magnésium facilite l'absorption du calcium et contribue au fonctionnement des muscles et des neurones, notamment à la régularité du pouls. Comme je l'ai indiqué, les ARQ, pour les hommes, sont de 400 mg/j [9]. Chez les femmes, les chiffres reposent sur la valeur de 4,5 mg/kg de poids, avec une recommandation minimale de 300 mg pour les femmes pesant moins de 60 kg. Au-delà, les besoins peuvent être évalués en multipliant le poids par 4,5.

L'usage de laxatifs et de diurétiques peut altérer l'équilibre de ce minéral. Si vous

---

Contrôle de la qualité

Lorsque vous décidez quel complément vitaminique ou minéral vous allez employer, attachez-vous à des marques bien connues. Évitez celles qui sont peu connues, les produits anonymes, ou de provenance étrangère douteuse. Il existe une législation des produits nutritionnels si peu élaborée [10] qu'on peut y trouver de tout et n'importe quoi !

Les produits issus de sociétés inconnues ou obscures, peuvent avoir subi un contrôle de qualité médiocre, et le contenu peut s'écarter nettement de l'étiquetage. Le manque de contrôles d'hygiène peut aussi faciliter leur contamination. Ces risques se révèlent bien moindres si on emploie des compléments pharmaceutiques ou nutritionnels élaborés par des firmes très connues et bien établies.

---

(9) Note du traducteur : aux États-Unis, les ARQ sont, pour les hommes, de 350 mg/j.
(10) Note du traducteur : en France, la législation plus sévère et la chasse menée à l'encontre des produits américains douteux protègent mieux le consommateur.

les employez pour perdre du poids, prenez conscience que vous compromettez votre santé, et que vous vous exposez à des complications au niveau cérébral, à cause des déséquilibres hydrominéraux engendrés.

Les meilleures sources en magnésium sont constituées par les oléagineux, les légumes secs, les céréales complètes, les végétaux vert foncé et les fruits de mer. Ces denrées devraient abonder dans votre ration. Vous pouvez aussi supplémenter avec un complément en apportant 100 % des ARQ.

LES SELS D'ASPARTATE : DES SUPPLÉMENTS MINÉRAUX À PART

Si vous effectuez beaucoup d'exercices aérobies en complément à la musculation, l'utilisation des sels d'acide aspartique (un acide aminé) peut vous intéresser dans le but d'accroître votre endurance. Les sels de potassium et de sodium de l'acide aspartique sont plus connus sous le nom général d'aspartates. Ces suppléments sont facilement accessibles dans les magasins diététiques ou les centres de fitness [11].

La sensation de fatigue habituellement éprouvée lors d'exercices intenses résulte de la combinaison de plusieurs facteurs, dont l'un pourrait être la formation accrue d'ammonium par le corps. Les aspartates transforment ce déchet d'effort en urée, qui est alors éliminée de l'organisme.

Des études ont montré que les sels d'aspartate de magnésium et de potassium amélioraient l'endurance à la nage de rats. Des scientifiques supposent que ces composés contrecarrent l'augmentation néfaste de l'ammoniémie. Mais qu'en est-il chez l'homme ? C'est ce qu'une étude a cherché à établir. Sept hommes exempts de pathologie, compétiteurs dans divers sports subirent un test sur bicyclette ergométrique. À intervalles réguliers au cours des 24 heures précédant le test, quatre de ces volontaires prirent un total de 5 g d'aspartate de magnésium et 5 g d'aspartate de potassium. Les autres reçurent un placebo. On leur demanda, au cours du test, de pédaler à une cadence modérément intense. Une semaine plus tard, on renouvela l'expérience en inversant les groupes. Qu'observa-t-on ? Le groupe supplémenté n'augmenta pas autant son ammoniémie. De plus, l'endurance s'améliora de 14 % sous l'effet de l'aspartate. En moyenne, le groupe qui en avait reçu, résista 88 min jusqu'à l'épuisement, contre 75 min pour l'autre groupe. Les auteurs notèrent que : « les résultats de cette étude suggéreraient que l'aspartate de magnésium et de potassium est utile à l'amélioration des performances. »

Bien sûr, il ne s'agit que d'une étude isolée, et ces composés n'ont pas fait l'objet

(11) En France, la législation des produits diététiques ne permet pas l'emploi d'acides aminés libres.

de nombreuses études. L'utilité de cette supplémentation reste débattue et si vous voulez y essayer, soyez prudent. L'abus de ces minéraux peut conduire à de la rétention d'eau et à des déséquilibres minéraux.

Nutrition de l'effort : réalité et fiction

Chrome et prise de masse

On s'est enthousiasmé à propos du chrome, présenté comme une alternative saine aux anabolisants et un promoteur de la prise de masse. Cet avis est-il fondé ? Voyons cela.

Le chrome est un oligo-élément essentiel qui aide l'hormone nommée insuline à remplir son rôle : transporter le glucose à l'intérieur des tissus. Il intervient aussi dans la captation cellulaire des acides aminés. Ses partisans avancent qu'à des doses accrues, il peut stimuler ce processus à un niveau supérieur, favorisant alors la synthèse d'une masse musculaire supplémentaire. Mais ils s'avancent beaucoup, car on ne connaît pas encore totalement le mécanisme d'action du chrome.

En revanche, ce que l'on sait, c'est qu'on en perd dans les urines sous l'effet de l'exercice. De plus, une ration surchargée en sucres rapides peut aussi chasser ce minéral de l'organisme. Cependant, les faibles quantités requises pour un bon état de santé s'obtiennent facilement à partir d'une ration équilibrée. Ses principales sources englobent la levure de bière, les céréales complètes, la viande, les huîtres crues, les champignons, les pommes non pelées, le vin et la bière.

En ce qui concerne l'effet de la supplémentation en chrome (en picolinate plus exactement) sur la prise de masse, les données sont contradictoires. Certaines études montrent un effet, d'autres pas. La plupart de celles publiées à ce jour présentent des défauts méthodologiques, mesurant de manière inappropriée le taux de masse grasse ou ne déterminant pas le taux de chrome des sujets au début de l'étude.

L'étude la plus fiable et la mieux conduite à ce jour fut menée il y a plusieurs années à l'université du Massachusetts. Trente-six joueurs de football reçurent chaque jour soit un placebo, soit 200 µg de picolinate de chrome, durant les neuf semaines de la préparation printanière, englobant du travail avec charges et de la course à pied pour le développement aérobie. Avant, pendant et après la supplémentation, les chercheurs évaluèrent la ration de ces joueurs, leurs pertes urinaires de chrome, le volume de plusieurs sites anatomiques, la force, et les taux de masse musculaire et d'adiposité. Les pourcentages de muscles et de graisses furent déterminés par pesée hydrostatique, l'une des procédures les plus fiables. Le résultat de cette étude fut que la supplémentation en chrome n'exerçait aucun des effets attendus.

Ajoutons quelques mots de mise en garde. Le picolinate est un composé permettant une meilleure utilisation du chrome. On a cependant rapporté qu'il pouvait affecter la forme des cellules et interférer avec leurs fonctions. Qui plus est, l'emploi du picolinate de chrome provoque une élimination des autres oligo-éléments et altère le métabolisme du fer. Compte tenu de ces inconvénients, et de l'incapacité de ce mélange à justifier sa réputation, son apport sous forme de supplément est, au mieux, une acrobatie nutritionnelle.

7

Une alternative saine et naturelle aux stéroïdes

Vous vous entraînez dur. Vous fabriquez du muscle. Mais vous voulez encore savoir s'il existe quelque chose, au-delà des séances intenses et de l'alimentation saine, qui peut vous aider à gagner de la masse un peu plus vite, quelque chose qui vous aidera à construire des muscles saillants à moindre effort.

Oui, cela existe. Il y a beaucoup de molécules utilisables pour « faire du muscle ». Mais malheureusement, toutes ne sont pas sans danger, ni autorisées. Les stéroïdes anabolisants, bien qu'autorisés à des fins médicales, ne s'obtiennent que sur ordonnance et figurent parmi les dopants les plus employés des athlètes. « Anabolique » signifie « qui construit » et, d'une certaine manière, les anabolisants facilitent le développement du corps. Ils agissent comme un engrais musculaire, mais sont dangereux, pouvant mettre la vie de l'utilisateur en danger. À l'origine, seule l'élite y avait recours, mais leur usage s'est répandu aux pratiquants amateurs et aux adolescents. Il s'agit aujourd'hui d'un problème de santé publique. En effet, des études montrent qu'aux États-Unis, chez les adolescents, 40 % des moins de quinze ans en ont déjà pris. Le tableau 7.1 dresse la liste des dangers associés à leur emploi.

En plus des stéroïdes, les athlètes emploient d'autres types de dopants tels que des stimulants, des analgésiques, des diurétiques, et des produits masquants. Ils utilisent aussi l'hormone de croissance de synthèse (GH), car ils s'imaginent qu'elle peut augmenter la force et la masse musculaire. La GH présente d'horribles effets secondaires, tels qu'une hypertrophie progressive de certains tissus, des maladies cardiaques, le diabète et l'arthrose. Elle appartient à l'une des centaines de substances interdites par le CIO (leur liste complète est donnée dans le tableau 7.2). Notons qu'aucune d'entre elles n'est un nutriment. Il s'agit de drogues et non de composants de la ration.

Mais ce qui suit est de bon augure : vous pouvez désormais oublier ces drogues qui dégradent la santé. Il existe des procédés naturels que vous pouvez employer pour

Tableau 7.1. Les dangers des anabolisants.

Atteinte hépatique	Masculinisation des femmes
Pression artérielle élevée	Spasmes musculaires
Élévation du LDL cholestérol	Maux de tête
Baisse du HDL cholestérol	Tension nerveuse
Rétention d'eau	Nausées
Dépression immunitaire	Éruption cutanée
Chute du taux de testostérone	Irritabilité
Atrophie testiculaire	Sautes d'humeur
Acnée	Appétit sexuel exacerbé ou diminué
Gynécomastie	Agressivité
Zoospermie	Dépendance

améliorer le développement musculaire, vous donner un surcroît d'énergie pour l'entraînement et, d'une manière générale, pour conserver votre corps en bonne santé. La plupart consistent en manipulations diététiques. Certaines manipulations nécessitent l'emploi de compléments nutritionnels spéciaux. Nous vous présentons un tour d'horizon de ces méthodes, depuis l'apport de compléments caloriques jusqu'à la cure de créatine.

LE RÉGIME HYPERCALORIQUE ET HYPERGLUCIDIQUE

Le plus important des facteurs nutritionnels simples pouvant affecter la prise de masse est l'apport calorique, en l'occurrence l'apport calorique réalisé par les glucides. La fabrication de masse musculaire requiert un programme de musculation intensif et rigoureux. Une extraordinaire quantité d'énergie est nécessaire pour accomplir ce travail, et c'est l'énergie délivrée par les glucides qui convient le mieux. C'est une ration hyperglucidique qui facilite le plus le renouvellement du glycogène en 24 heures. Ceci permet aux muscles de travailler à une même intensité pendant plusieurs jours d'affilée. Des études continuent de montrer que des rations hypercaloriques riches en glucides amènent un « plus » aux culturistes lors de leurs séances. Le principe est celui-ci : plus vous vous entraînez dur, plus vous fabriquez de muscle.

Pour gagner 500 g de muscle, ajoutez 3 000 calories à votre ration hebdomadaire. Idéalement, il faut élever la ration journalière de 500 à 1 000 calories. Mais faites-le graduellement, pour ne pas prendre de gras. Ce que je suggère aux culturistes en phase de prise de masse, c'est de commencer par introduire, dans un premier temps, seulement de 300 à 350 calories supplémentaires par jour. Ensuite, une à deux semaines plus tard, ils peuvent passer à 500 calories par jour. Et s'ils ne prennent pas de masse grasse, ils peuvent compléter avec 1 000 calories/j.

L'essentiel de ces calories additionnelles doit provenir des glucides, sous forme d'aliments et de compléments liquides. À titre d'exemple, 1 000 calories correspondent à deux tasses de pâtes, deux brioches et deux bananes. Cette ration ne représente pas tant d'aliments que cela à ajouter.

Pour être tout à fait juste, il faudrait ajuster l'apport glucidique au poids. En tant que culturiste soucieux de prendre de la masse, vous devriez ingérer environ 9 g de glucides par kilo de poids par jour. Si vous êtes un athlète pratiquant un entraînement croisé avec de la musculation, allez jusqu'à 10 g/kg/j.

Compléter la ration avec des solutions glucidiques constitue un excellent moyen d'augmenter l'apport calorique. De plus, cela semble faciliter le développement musculaire. Ainsi, dans une expérience qui fera date, des culturistes de compétition ajoutèrent un tel supplément à leur ration pendant quinze semaines. Le but

Tableau 7.2. Liste des principales substances interdites par le CIO [1].

Stimulants

Amfépramone, amfétaminil, amiphénazole, amphétamine (*), benzphétamine (*), caféine (**, ***), cathine, chlorphentermine, clobenzorex, clorprénaline (**), cocaïne (*), cropropamide, crotétamide, dimétanfétamine, éphédrine (**), étafédrine (**), étamivan (**), étilamphétamine (*), fencamfamine, fénétylline (*), fenfluramine, fenproporex, furfénorex, mefénorex (*), méthamphétamine (*), méthoxyphénamine, méthyléphédrine (**), méthylphénidate (*), morazone, nicéthamide, pémoline, pentétrazol, phendimétrazine (*), phentermine (*), phénylpropanolamine (**), pipradol (**), prolinane, prophylhexedrine (**), pyrovalénone (*), strychnine et composés apparentés

Narcotiques analgésiques

Alphaprodine, aniléridine (*), buprénorphine, codéine (*), dextromoramide (*), dextropropoxyphène (*, **), dihydrocodéine (*), dipipanone (*), étonitazène (*), éthylmorphine (*), héroïne (*), lévorphanol (*), méthadone (*), morphine (*), nalbuphine, pentazocine (*), péthidine (mépéridine) (*), phénazocine (*), trimépéridine (*) et composés apparentés

Stéroïdes anabolisants

Bolastérone, boldénone, clostébol, déhydrochlorméthyltestostérone, fluoxymestérone, mestérolone, méténolone, méthyltestostérone, nandrolone, noréthandrolone, oxandrolone, oxymestérone, oxymétholone, stanozolol, testostérone et composés apparentés

Bêtabloquants (**)

Acébutolol, alténolol, labétalol, métoprolol, nadolol, oxprénolol, propanolol, sotalol et composés apparentés

Diurétiques et produits masquants

Acétazolamide, acide étacrynique, amiloride, bendrofluméthiazide, benzthiazide, bumétanide, canrénone, chlormérodrine, clortalidone, diclofénamide, furosémide, hydrochlorothiazide, mersalyl, spironolactone, triamtérène et composés apparentés

Hormones peptidiques

Gonadotrophine chorionique, corticotrophine (ACTH), hormone de croissance, érythropoïétine

(*) Substance classée comme stupéfiante dans notre pays.
(**) Substance ou classe de substances dont l'utilisation peut faire l'objet d'une justification thérapeutique.
(***) Pour la caféine, l'analyse d'un échantillon urinaire sera considérée comme positive si la concentration en caféine y dépasse 12 µg/ml.

(1) Note du traducteur : l'auteur n'a pas mentionné la classe des « anesthésiques locaux » qui peuvent faire l'objet d'une justification thérapeutique et où figurent 41 produits différents.

© Raymond J. Malace

Une ration hypercalorique riche en glucides apporte un « plus » aux culturistes.

de ce travail ? Vérifier si cette procédure affecterait la prise de masse, la composition corporelle et la force. On sépara les culturistes en trois groupes :

– ceux utilisant seulement le complément ;
– ceux le combinant à des anabolisants ;
– ceux qui n'utilisaient rien du tout, mais participaient normalement à l'entraînement.

Le complément délivrait 540 calories, 70,5 g de glucides et d'autres nutriments.

Tous les participants suivaient leur régime habituel. Le groupe témoin et celui utilisant les stéroïdes tiraient l'essentiel de leurs calories des graisses (45 % contre 37 % pour les glucides). Le groupe consommant le supplément glucidique tirait davantage d'énergie des glucides (47 % des calories, contre 34 % pour les graisses). Qui plus est, le groupe supplémenté ingérait environ 830 calories de plus que le groupe témoin, et 1 300 calories de plus que les sujets sous anabolisants.

Voici ce qu'il advint : la prise de masse au sein des deux groupes supplémentés dépassa significativement celle relevée dans le groupe témoin. Ceux qui n'avaient reçu que les glucides gagnèrent en moyenne 2,9 kg. La prise conjointe de glucides et d'anabolisants donna lieu à un gain de 4,2 kg. Le dernier groupe prit 1,5 kg. Le bénéfice observé dans les deux premiers groupes représenta plus du double de la prise de masse noté dans le groupe témoin. Celui qui avait reçu uniquement les glucides abaissa de 0,91 % sa masse grasse, alors que les sujets sous stéroïdes l'accrurent de 0,5 %. Enfin, les deux groupes supplémentés gagnèrent autant de force.

Les résultats sont vraiment surprenants ; ils prouvent qu'un important apport de calories et de glucides joue un rôle essentiel dans la réussite d'un programme de prise de force et de développement musculaire. Plus surprenant encore, grâce à une bonne nutrition, on peut potentiellement atteindre le même résultat sans anabolisant qu'avec. C'est une nouvelle très prometteuse pour les culturistes du monde entier désireux de progresser sans dopage. Au chapitre 10, vous apprendrez comment élaborer votre programme hypercalorique hyperglucidique pour soutenir le développement musculaire.

LES BOISSONS ÉNERGÉTIQUES « ÉQUILIBRÉES »

Il y a mieux encore que cette histoire de glucides. Aussi inimaginable que cela puisse paraître, c'est de vous seul que dépend le remodelage de votre corps (plus de masse et moins gras) par des moyens naturels, et ce avec un produit de formulation simple. Voici comment procéder : immédiatement à la suite de votre séance, buvez un complément liquide riche en glucides, renfermant aussi des protéines. Ceci va activer le démarrage du processus de construction musculaire, tout en élevant votre disponibilité en énergie.

Ce produit très simple contient 310 g de glucides et de protéines, sous forme liquide, qu'on absorbe dès la fin de l'entraînement, car il s'agit du moment où le corps se montre le plus apte à utiliser ces nutriments pour fabriquer du muscle et brûler des graisses.

Si vous voulez élaborer vous-même votre complément à la maison sans avoir recours à des produits du commerce, essayez ma recette personnelle. Il s'agit simplement de mixer 50 g de flocons de céréales avec 0,25 l de lait écrémé, une banane de taille moyenne et une cuillerée de beurre de cacahuète. Il faut mélanger jusqu'à obtenir un liquide onctueux, dont une portion délivre 414 calories, 17 g de protéines, 70 g de glucides et 10 g de graisses.

Depuis déjà longtemps, j'emploie cette formule avec beaucoup des culturistes que j'ai conseillés et j'ai constaté d'importants changements de composition corporelle, en l'occurrence moins de graisses et plus de muscle.

Comment ce mélange fonctionne-t-il ?

Pourquoi ? Comment cette formule aide-t-elle à obtenir des muscles plus forts et plus fermes ? L'exercice, évidemment, constitue le stimulus initial. Vous sollicitez vos muscles en les faisant travailler, et ils répondent en se développant. Mais pour que ce processus se produise, les fibres ont besoin d'un apport simultané de glucides et de protéines qui crée le climat hormonal propice à ce développement.

Voici ce qui se passe. Les protéines et les glucides facilitent la libération de deux hormones, l'insuline et l'hormone de croissance. La première constitue un puissant acteur de la croissance musculaire et de bien d'autres fonctions. Elle facilite l'entrée des acides aminés dans les cellules, promeut leur réassemblage dans les tissus, et prévient la fonte et la dégradation des muscles. L'hormone de croissance accroît la vitesse des synthèses protéiques, à l'origine du processus d'hypertrophie. Elle facilite aussi la combustion des graisses. Ces deux hormones interviennent directement dans le développement musculaire. Ainsi, comme vous le voyez, votre organisme va privilégier le développement, grâce à cette formule nutritionnelle conçue pour la prise de masse.

Des preuves scientifiques

L'explosion de travaux consacrés aux effets des mélanges de glucides et de protéines chez les athlètes accrédite ce que j'ai observé depuis des années. Voici quelques exemples ci-dessous :

- Dans une étude, quatorze hommes et femmes de poids normal prirent des repas test contenant des quantités variables de protéines : 0 g ; 15,8 g ; 21,5 g ; 33,6 g ; 49,9 g de protéines avec, à chaque fois, 58 g de glucides. Après ce repas, on préleva des échantillons de sang à intervalles réguliers. Comparativement à celui qui n'en renfermait pas, les repas contenant des protéines produisirent une élévation plus nette du taux d'insuline : cette étude démontra clairement que les protéines renforcent le pic d'insulinémie.
- Dans une autre étude, neuf culturistes masculins expérimentés reçurent soit de l'eau (situation de « référence »), soit un supplément de glucides, soit un supplément de protéines, soit enfin un supplément mixte protéines-glucides. Ces sujets les ingéraient juste après les séances, et à nouveau deux heures plus tard. Dès la fin des sessions, puis tout au long des huit heures suivantes, on leur préleva du sang pour déterminer le taux de diverses hormones, notamment l'insuline, la testostérone (une hormone mâle impliquée dans la croissance musculaire), et l'hormone de croissance.

Le résultat le plus significatif fut que le mélange de protéines et de glucides avait produit les plus fortes élévations des taux d'insuline et d'hormones de croissance. En clair, les protéines travaillent main dans la main avec les glucides pour créer un environnement hormonal, très propice au développement musculaire, après l'effort.

Plus d'énergie

Si, après l'effort, vous utilisez un supplément de glucides et de protéines, vous noterez un autre effet. Cet « autre effet », c'est un plus haut niveau d'énergie. Non seulement cette combinaison nutritionnelle stimule le développement des fibres, mais elle déclenche également le renouvellement des stocks de glycogène. Ceci signifie « plus d'énergie » disponible pour les séances.

Et plus vous pourrez vous entraîner dur, plus vos muscles gagneront de masse.

Comparativement à un apport isolé de glucides, l'ajout de protéines à ce mélange accélère le processus de mise en réserve.

La recherche montre que l'apport conjoint de protéines et de glucides
permet de déclencher le développement musculaire.

Certains travaux étonnants le prouvent. Dans une étude, on fit pédaler neuf hommes pendant deux heures d'affilée, lors de trois sessions distinctes, afin d'épuiser leur glycogène musculaire. Juste après chaque effort, puis encore deux heures plus tard, on leur fit boire l'un de ces trois breuvages : une simple solution de glucides, un complément de protéines, ou une combinaison des deux. Grâce aux informations directes tirées de biopsies musculaires, les auteurs ont noté que le taux de renouvellement du glycogène était plus rapide dans le dernier cas. Pourquoi cette vitesse accrue ?

On sait bien que l'apport de glucides aussitôt après des exercices prolongés en endurance facilite la restauration du glycogène. Si on y ajoute des protéines, un pic d'insuline survient. Sur le plan biochimique, elle agit comme une pédale d'accélérateur. Elle dirige le stockage du glycogène de deux façons. D'abord, elle accélère l'entrée du glucose et des acides aminés dans les cellules. Ensuite, elle active une enzyme particulière, cruciale dans ce processus de synthèse du glycogène.

LA CRÉATINE

À coup sûr, pour les culturistes, la créatine constitue le plus important des ergogènes naturels qu'on ait découverts. À l'inverse de beaucoup d'autres compléments, elle a fait l'objet de nombreuses études. Des travaux captivants ont montré qu'elle produit des améliorations significatives dans les sports qui requièrent beaucoup de force et de puissance, notamment la musculation, l'aviron, et le cyclisme sur piste. Un autre point est à porter à son crédit : beaucoup d'études de supplémentations ont révélé des gains de force ou de puissance, ou une prise de masse minimale de 800 à 1 600 g, en l'espace d'une semaine.

Une partie du gain de poids initial s'explique par une rétention d'eau dans les tissus grâce à elle. Mais ce processus n'est pas négatif, car il représente la première étape du processus anabolique de prise de masse. En effet, combinée à une puissance et à une force accrues, et à des séances plus intenses, la créatine conduit à cette augmentation de la masse.

La créatine n'est pas un gadget

La créatine a fait l'objet du jugement suivant dans un article de synthèse de l'*International Journal of Sports Medicine*, une revue respectée dans ce domaine : « *La créatine ne devrait pas être considérée comme un supplément artificiel de plus. Son ingestion représente un moyen d'obtenir une amélioration des performances à la fois immédiate et significative dans les sports explosifs.* »

N'est ce pas un avis rassurant ? Ne préférez-vous pas un supplément aux effets fondés, comme la créatine, plutôt que des composés synthétiques et dangereux tels que les stéroïdes ? Sans doute que oui : la créatine, c'est la base d'une force accrue et d'une musculature plus saillante.

Comment agit-elle ?

Il s'agit d'une substance produite par le foie et les reins, à raison d'environ 2 g/j, à partir de l'arginine, de la glycine et de la méthionine qui, tous trois, sont des acides aminés non essentiels. Environ 95 % de la créatine corporelle circule dans le sang pour gagner les organes de stockage, tels que les muscles. Dans ceux-ci, elle se transforme en un composé nommé la « créatine phosphate » (CP). Il s'agit d'une minuscule source d'énergie, dont l'autonomie n'est que de quelques secondes. Elle s'avère surtout utile pour les efforts brefs, pour des activités telles que la musculation qui requièrent de courtes flambées d'activité. La CP reconstitue également les réserves cellulaires d'ATP, la molécule énergétique qui fournit la puissance utile à la contraction musculaire. S'ils disposent de davantage d'ATP, vos muscles peuvent accomplir plus de travail.

Vous saturez vos muscles en créatine, exactement comme, dans les sports d'endurance, on se charge en glucides. De ce fait, vous pouvez pousser plus fort et plus longtemps lors de vos séances puisque la créatine augmente le débit de production d'énergie dans vos fibres. La supplémentation en créatine ne fabrique pas directement du muscle. Mais elle exerce un effet indirect. Elle permet un travail plus intense, ce qui se traduit par un gain de masse.

Combien faut-il en prendre ?

Il est clair que la prise de suppléments de créatine en accroît le niveau dans les cellules. Mais la question qui se pose est la suivante : combien faut-il en apporter ? On en trouve dans l'alimentation, globalement, un gramme par jour. Mais cela ne suffit pas pour améliorer les aptitudes de force. Il en faut plus.

On la trouve habituellement sous la forme de créatine monohydrate en poudre. Les études ont montré que le protocole d'utilisation consiste à en consommer de 20 à 25 g par jour, en quatre à cinq prises de 5 g (l'équivalent d'une cuillerée à café). Ensuite, un traitement d'entretien de 2 g/j (une demi-cuillerée) maintiendra la saturation en créatine des muscles.

La logique voudrait que si une petite dose marche, une plus grosse soit encore plus efficace, mais ce n'est pas le cas. Il existe une limite supérieure au stockage de créatine dans le muscle. Si vous en prenez plus, le surplus ne sera pas stocké. Le seul effet secondaire associé à son ingestion est une rétention d'eau survenant avec des doses de 1 à 10 g/j. Une étude suggère que certains individus pourraient souffrir de crampes et de possibles déchirures musculaires à la suite de cette supplémentation. Ces affirmations ne reposent cependant sur aucune étude et ne semblent pas fondées. Lorsque vous entamez une cure, assurez-vous de boire plus d'eau. Ceci pourrait prévenir les crampes. Veillez aussi à ne pas dépasser une dose de 40 g/j. Selon certaines études, de telles prises peuvent en effet occasionner des dommages rénaux et hépatiques. Consultez donc un spécialiste avant d'entamer une cure de créatine.

Une surcharge : la créatine combinée aux glucides

Il s'agit d'une découverte importante et très récente sur la supplémentation en créatine. La créatine s'avère plus efficace si on en combine la prise à celle d'un complément liquide de glucides. Cette procédure augmente en effet l'accumulation de créatine dans le muscle de pas moins de 60 % !

C'est la découverte primordiale de ce travail, dont les concepteurs ont séparé vingt-quatre volontaires (âgés en moyenne de 24 ans), en deux groupes distincts. Les « témoins » reçurent un total de 20 g de créatine monohydrate par jour (quatre prises quotidiennes de 5 g dilués dans du jus d'orange), alors que le groupe « expérimental » consomma la même dose de créatine, suivie 30 minutes, plus tard, de l'ingestion de 500 ml d'une solution glucidique. Les biopsies musculaires réalisées au terme des cinq jours de test montrèrent que tous les sujets avaient élevé leur taux de créatine, mais avec une différence majeure : chez les sujets qui avaient pris des glucides en plus, le taux de créatine atteignait un niveau supérieur de 60 % à celui du groupe témoin. Les chercheurs notèrent en outre chez eux un taux d'insuline musculaire plus élevé. Les implications de cette étude, pour les culturistes et l'ensemble des sportifs, sont énormes : pensez donc, en vous supplémentant à la fois en créatine et en glucides, vous surchargez vraiment votre organisme. Disposant d'un surcroît de créatine dans vos muscles, vous avez plus de puissance pour vous entraîner.

Le fait que la combinaison de créatine et de glucides accroisse le taux d'insuline est lui aussi important ; cette hormone augmente le captage du glucose, qui est ensuite stocké sous forme de glycogène dans le foie et les muscles. Et plus on en met en réserve, plus on possède d'énergie pour les exercices, même effectués en aérobie. Cette combinaison constitue un véritable atout pour toutes formes d'activités.

LES POUDRES POUR CULTURISTES

Vous avez déjà vu ces énormes bidons aux inscriptions flambantes, contenant des produits aux alléchantes descriptions telles que « stimulateur de la prise de masse », « améliorateur de masse maigre » ou « fournisseur de muscle » [2]. Ces

---

(2) Note du traducteur : les terminologies originelles, en langue anglaise, sont beaucoup plus fortes et parlantes.

compléments appartiennent à la famille des « poudres pour culturistes ». La plupart renferment diverses concoctions de glucides, de protéines, d'acides aminés, de vitamines, de minéraux, et d'autres ingrédients supposés améliorer les performances. Leurs fabricants affirment que ces préparations spéciales facilitent la prise de masse. Qu'en est-il ? En vérité, personne ne peut l'affirmer. Mais, en 1996, un groupe de chercheurs de l'université de Memphis a évalué deux de ces préparations. L'une se nommait « Gainers Fuel 1 000 », un complément hypercalorique dont la prise ajoute 1 400 calories à la ration et se compose de 60 g de protéines, de 290 g de glucides et de 1 g de lipides. Bien que beaucoup d'autres constituants figurent dans ce complément, sa formulation propose deux miné-

Profil d'un champion

Je connais un culturiste de 54 ans qui se décrit lui-même comme « prenant très difficilement » de la masse. Bien qu'il ait pratiqué la musculation pendant trente-cinq ans, il avait du mal à gagner encore un peu de poids. Dans le but de relancer sa progression, il décida d'entamer deux protocoles de supplémentation, la prise de créatine et celle d'un mélange de protéines et de glucides pris juste après ses séances. Avant de débuter ce programme, il mesura la circonférence de ses bras, de ses jambes et de son thorax.

Deux semaines durant, il prit 20 g de créatine par jour, en quatre doses de 5 g, sachant qu'on avait démontré, avec ce dosage, une amélioration du contenu du muscle en créatine de 25 %. Habituellement, il la mélangeait aux glucides ou aux protéines absorbés tout au long de la journée. Au terme de ce cycle de deux semaines de surcharge, il réduisit le dosage à 10 g/j, en deux doses de 5 g mélangées à une préparation. En outre, il s'assura de bien consommer un mélange liquide de glucides et de protéines après chaque séance.

Il sentit immédiatement le bénéfice de cette cure. À l'entraînement, son niveau d'énergie était plus élevé, et s'accroissait d'une session à l'autre. Il disposait d'une telle endurance qu'il avait souvent l'impression d'en faire bien plus que d'habitude lors de ses séances usuelles d'une heure. Très vite, il améliora son record au développé couché. Pour la première fois de sa vie, il franchit la barrière des 65 kg, et atteint même les 80 kg.

Mieux encore, il augmenta sa masse musculaire, de 75 kg à 84 kg. Il se sentait « plus rempli ». C'est au niveau des bras que la prise de masse s'est révélée la plus impressionnante, passant de 38,7 cm à 40,6 cm. Il déclara qu'en trente-cinq ans de pratique il n'avait jamais obtenu de progrès aussi énorme qu'avec cette supplémentation. Elle lui avait vraiment permis le bond en avant qu'il attendait.

raux que précède une solide réputation de bâtisseurs du muscle. Il s'agit du picolinate de chrome et du bore.

Le lien du premier avec la croissance musculaire s'explique par son effet activateur sur l'insuline, hormone qui, elle-même, promeut la construction du muscle.
Mais le rôle du chrome reste à prouver, aucune étude scientifique valide ne
confirmant son action directe sur le développement du muscle (pour plus de
détails, voir le chapitre 6).

On a présenté le bore comme un complément pouvant, lui aussi, faciliter le développement musculaire, par le biais d'une élévation du taux de testostérone cir-
culante. Mais les travaux n'ont pas permis de confirmer cette affirmation. Ainsi,
dans une récente étude, dix culturistes masculins reçurent chaque jour 2,5 mg de
bore, pendant sept semaines, alors qu'on donna un placebo à neuf autres. Les
deux groupes suivirent le même entraînement tout au long du test. On en tira
d'intéressants résultats : la masse maigre, la force et le taux de testostérone s'éle-
vèrent de manière similaire chez les dix-neuf sujets. L'apport de bore n'avait provoqué aucune différence. C'est l'entraînement, purement et simplement, qui
avait permis cette progression.

Revenons à l'étude testant les poudres pour culturistes : le second produit testé
se nomme « Phosphagain ». Son apport ajoute 570 calories à la ration journalière, fournis par 67 g de protéines, 64 g de glucides, et 5 g de graisses. Comme la
majorité des produits de ce type, « Phosphagain » regorge de nutriments dont on
suspecte un rôle dans la formation de tissu musculaire. Parmi les plus notables
figurent la créatine (voir le paragraphe précédent), la taurine, des nucléotides et
la L-glutamine. Des études conduites chez l'animal ont montré que la taurine,
acide aminé trouvé dans le muscle, améliorait l'efficacité de l'insuline. Les
nucléotides sont les briques constituant l'ADN et l'ARN. Ceux présents dans
« Phosphagain » proviennent de l'ARN de levures. Ils jouent un rôle fondamen-
tal dans le métabolisme et participent à la division cellulaire et à la réplication
de l'ADN en jeu lors de la croissance et du développement. Quant à la L-glutamine, un autre acide aminé, elle permet théoriquement de contrôler l'hydratation cellulaire et la synthèse protéique dans les muscles.

Afin d'évaluer les effets de ces deux préparations sur le développement musculaire, des chercheurs de l'université de Memphis ont sélectionné vingt-huit culturistes masculins, ayant presque tous le même âge (environ 26 ans). Aucun ne
consommait d'anabolisants ni n'en avait utilisé par le passé. Ils pratiquaient le
culturisme, en moyenne, depuis six ans. Les chercheurs les assignèrent à l'un des
trois groupes suivants :

— un tiers reçut un complément de maltodextrines trois fois par jour. Ces glucides sont tirés du maïs ;
— un autre tiers prit deux portions quotidiennes de « Gainers Fuel 1 000 », selon
les directives du fabricant ;

– le dernier tiers consomma trois doses journalières de « *Phosphagain* », là aussi en accord avec les conseils d'utilisation.

Ils consommèrent ces compléments au cours des trois principaux repas. Personne ne savait lequel il ingérait. Tous suivirent leur programme d'entraînement et leur régime usuel tout au long de l'étude. De plus, on leur demanda de n'avaler aucun autre complément lors des deux semaines précédant l'étude, et tout au long de celle-ci.

Avant, pendant et après celle-ci, on mesura la composition corporelle de ces sujets, en employant quelques-unes des techniques les plus fiables et les plus sophistiquées. En cela, il s'agissait d'une étude au protocole et au déroulement irréprochables. Voici un résumé de ce qu'elle permit de découvrir :

– en complément à l'entraînement de la force, la solution de maltodextrines aussi bien que le « *Gainers Fuel 1 000* » permirent une modeste prise de masse ;
– le groupe supplémenté avec « *Gainers Fuel 1 000* » prit de la masse grasse et son adiposité s'accrut significativement ;
– lors de l'entraînement de la force, la supplémentation avec « *Phosphagain* » se révéla plus efficace, vis-à-vis de la prise de masse, que les deux autres préparations. En l'occurrence, la prise de masse observée était, d'après les auteurs, « significativement supérieure ». Les sujets ayant reçu ce complément ne gagnèrent pas de masse grasse.

Maintenant, avant que vous tiriez vous-même vos conclusions, laissez-moi insister sur un point : il reste encore à déterminer quel constituant, parmi tous ceux qui entrent dans le « *Phosphagain* », explique ces résultats. Afin de confirmer ces données, d'autres tests sont nécessaires, tant pour évaluer ces poudres que leurs constituants pris isolément. Mais malgré tout, dans le cadre d'une ration visant à une prise de masse maigre, un mélange de glucides et d'un peu de protéines (ces poudres délivrent les deux), pris au bon moment, constitue un complément très important. De même, la créatine du « *Phosphagain* » peut avoir contribué à ces résultats.

LA CARNITINE

La carnitine est une substance apparentée aux protéines (c'est un « peptide »), qu'on trouve dans la viande rouge et les autres produits animaux. À une époque, on la considérait comme une importante vitamine. Désormais, les scientifiques savent qu'il ne s'agit pas d'un nutriment essentiel, puisque le foie et les reins peuvent en synthétiser en l'absence de tout apport alimentaire. La plupart des gens en tirent quotidiennement de 50 à 300 mg à partir de leur ration. Et même si vous n'en ingérez pas autant, votre organisme peut en fabriquer à partir de deux acides aminés, la lysine et la méthionine. Environ 98 % de la carnitine de l'organisme se trouve stockée dans les muscles.

Sa principale fonction physiologique consiste à transporter les acides gras à l'intérieur des cellules pour qu'ils soient brûlés à des fins énergétiques. En raison de ce rôle, beaucoup de théories sont apparues, suggérant son possible intérêt pour les sportifs. L'une de ces théories avance que la carnitine améliore les performances en facilitant la disponibilité des graisses au niveau des fibres, ce qui économiserait le glycogène. Une autre soutient qu'en raison de son rôle dans les processus énergétiques cellulaires, elle réduirait la formation de déchets tels que l'acide lactique au sein des muscles, ce qui prolongerait l'activité.

En dehors de ces théories, que nous montrent les recherches ? La carnitine a fait l'objet de beaucoup de travaux, à l'origine de résultats souvent contradictoires. Dans un récent article de synthèse relatant treize études de supplémentation, il est indiqué que, pour neuf d'entre elles, cette molécule n'avait d'effet ni sur le taux d'acides gras, ni sur la VO_2 max (la capacité aérobie), ni sur le niveau de performance. On a relevé quelques effets dans seulement quatre de ces études.

La carnitine est un des compléments très hypothétiques. Si son apport par la supplémentation améliorait effectivement la capacité aérobie — ce que suggèrent de rares travaux — il serait alors possible d'effectuer un exercice aérobie à une intensité plus élevée, tout en pouvant brûler plus de graisses. Mais le conditionnel est de rigueur. Quoi qu'il en soit, je ne vois aucun avantage, mais aucun danger non plus, à l'essayer. Selon les études, il n'existe aucun effet secondaire associé à la prise de doses journalières comprises entre 500 mg et 6 g, même pendant plusieurs mois d'affilée. Mais rien ne laisse penser qu'il y ait un intérêt à dépasser 2 g/j, d'autant qu'au-delà, existe un risque de diarrhée.

Un conseil de prudence : certaines préparations américaines contiennent un mélange de deux formes de carnitine, la « L », dénuée de toxicité, et la « D » qui, en revanche, peut occasionner une faiblesse musculaire et l'excrétion de myoglobine, cette protéine qui dans le muscle transporte l'oxygène. Si vous utilisez la carnitine, employez donc des produits ne renfermant que la forme « L ».

Les extraits de plante : compléments sains ou dopants ?

Au fil de l'histoire, les plantes médicinales sont, sans conteste, les préparations ayant connu le plus de popularité. On en trouve maintenant en capsules, en gélules, en boissons ou en poudre. Les Américains y consacrent près de 700 millions par an et dans le milieu culturiste, ces compléments suscitent un gros battage [3]. Mais il y a, en fait, très peu d'arguments en

(3) En France, la législation des produits de l'effort n'autorise pas l'ajout d'extrait de plantes dans un autre but que l'aromatisation. Les produits à base de ginseng ou de gingko biloba suivent la législation des produits pharmaceutiques.

leur faveur. Ils peuvent même se révéler dangereux. Une « simple » est en fait une plante ou la partie d'une plante reconnue pour ses qualités curatives, son arôme ou son goût. Les plantes et les remèdes en contenant sont employés depuis des siècles. Même l'homme de Néenderthal en utilisait pour se soigner. Près de 30 % des médicaments actuels en proviennent.

Naturels mais pas toujours sains

Il n'est pas anodin de penser que parce qu'il s'agit de produits naturels, les extraits de simples sont sans danger. Ce qui les sépare des médicaments dérivés des plantes, ce sont des études scientifiques rigoureuses : aux États-Unis, les fabricants d'extraits d'herbes ne sont pas tenus de les soumettre à la FDA. Il n'existe donc aucune législation garantissant leur qualité ou leur innocuité. En l'absence de normes, on a peu de chance que la composition et les effets présentés sur l'étiquetage soient justes.

Aux États-Unis, la FDA classe ces extraits parmi les « compléments nutritionnels » et non parmi les médicaments, ce qui nécessiterait de sévères tests visant à prouver leurs effets et leur innocuité. Cela coûterait plusieurs millions de dollars par plante, un investissement que peu de producteurs seraient prêts à réaliser.

Heureusement pour les consommateurs, on ne peut plus leur attribuer un étiquetage comportant des affirmations non fondées. La dernière loi adoptée par le gouvernement américain impose en effet que ces composés respectent les mêmes astreintes d'étiquetage que les emballages d'aliments. Ceci signifie qu'à chaque fois qu'on avance qu'un extrait possède un effet thérapeutique, on doit en apporter des preuves scientifiques valables aux yeux des autorités. Tout produit dont on prétend qu'il guérit, modifie, traite ou prévient une maladie tombe sous la législation américaine des médicaments.

Il n'est pas rare de présenter une réaction d'allergie à des médicaments, même s'ils ont fait l'objet de tests et d'une fabrication respectant de strictes garanties d'hygiène. Par conséquent, on ne s'étonnera pas que les extraits de plantes, bien plus employés, puissent produire les mêmes effets, voire s'avérer mortels.

Ils peuvent également interagir avec des traitements médicaux. Adressez-vous donc à votre médecin ou à tout autre spécialiste avant d'y avoir recours.

Les femmes enceintes ou allaitantes devraient en éviter l'usage. Même l'emploi de thés aux herbes nécessite de la prudence, puisqu'ils peuvent entraîner des conséquences pour le fœtus ou le bébé.

N'en donnez pas non plus aux enfants. On ne dispose en effet officiellement d'aucune information quant à leur innocuité chez eux. Vos meilleures intentions pourraient produire les pires effets.

Du fait que dans cette industrie, il n'existe aucun contrôle de qualité, le risque d'une contamination chimique est réel. Les plantes ont-elles subi une vaporisation chimique avant la récolte ? En outre, d'autres contaminants peuvent aussi gagner la plante lors de l'élaboration du produit. Évidemment, ceux acheminés par courrier depuis l'étranger doivent susciter encore plus de suspicions.

Que trouve-t-on sur le marché ?

Vous trouverez ci-dessous une présentation de plantes bien connues, vendues soit isolément, soit comme constituant de compléments pour la forme. Gardez à l'esprit que l'intérêt médical de la plupart de ces extraits n'a pas été établi.

L'éphédra (ma huang) [4]
Le « Ma Huang », également connu sous le nom d'éphédra, est un stimulant à action rapide. C'est la plus ancienne plante cultivée au monde. On la trouve dans de nombreux remèdes végétaux proposés pour perdre du poids, ce qui en fait un complément très prisé dans le milieu du body-building ou chez les athlètes. Toutefois, on lui reconnaît des effets secondaires sur le système nerveux, tels que de la nervosité, de l'agitation, et une accélération du pouls, qui le rendent inefficace chez de nombreux utilisateurs. L'abus d'éphédra, et de son principe actif « l'éphédrine », peut s'avérer mortel.

Le ginseng
On le trouve dans des thés et sous forme de poudres, de gélules, d'extraits, de comprimés et de boissons douces. Il est doté d'une réputation d'aphrodisiaque, d'adaptogène (substance améliorant la résistance au stress), de brûleur de graisses, d'agent anabolisant et d'antioxydant. Aucun élément ne prouve qu'il améliore les performances sexuelles. En revanche, plusieurs arguments semblent confirmer son intérêt face au stress. Des études animales suggèrent aussi que sa prise orale agirait sur la formation de tissus. Mais on n'a jamais pu reproduire ces résultats chez l'homme. Il n'existe pas non plus d'études convaincantes de son effet ergogène.

---

(4) Note du traducteur : nous ne partageons pas le laxisme de l'auteur vis-à-vis de ce produit. L'éphédrine figure sur la liste des produits interdits. Elle a d'ailleurs valu en 1997 la suspension d'un athlète français qui, précisément, avait acheté dans une boutique parisienne un produit du type de ceux décrits ici. Nous déconseillons formellement tout recours à une préparation « dynamisante » à base de plantes.

Le guarana

Si vous tombez sur des extraits de plantes qui promettent du dynamisme et de la vitalité, ils contiennent certainement du guarana, cette pâte sèche tirée des racines écrasées d'une plante. Proposé comme « dynamisant », le guarana se range plutôt parmi les excitants en raison de sa richesse en caféine. Quelques gélules de guarana vous donneront le même coup de fouet qu'une tasse de café très fort [5].

Le mate

Il s'agit d'une autre plante très riche en caféine, qu'on trouve sous forme de thé. La publicité le présente aussi comme un dynamisant. Mais il s'agit d'un stimulant, en raison des 2 % de caféine qu'il renferme.

Les précautions à suivre

Si vous êtes de nature curieuse et voulez absolument essayer un extrait de plantes, faites preuve de prudence et suivez ces quelques conseils :

– commencez avec de faibles doses. « Plus » n'est pas forcément « mieux », et peut même être dangereux ;
– n'utilisez qu'une sorte de supplément à la fois ;
– accordez-vous au moins 24 heures avant de changer de dosage ou d'essayer quelque chose de nouveau ;
– gardez vos flacons vides avec vous ; en cas de problème, ils vous permettront d'informer le médecin sur le produit en cause.

LA CAFÉINE

La caféine, cette drogue consommée sous forme de café, de thé, de sodas ou de préparations pharmaceutiques, possède une grande variété d'effets, différents selon la sensibilité au produit. Il peut aussi bien vous rendre alerte et très éveillé que vous angoisser. Votre cœur peut battre la chamade, mais vous pouvez aussi vous précipiter aux toilettes, la caféine étant diurétique.

La caféine quitte lentement l'organisme, de sorte que de petites prises successives peuvent s'y accumuler. Elle possède une demi-vie de six heures, ce qui signifie qu'au bout de ce délai la moitié seulement d'une dose a été dégradée. Ceci peut la rendre dangereuse. En effet, si vous en prenez de petites quantités fractionnées au cours de la journée, elles s'additionnent et il arrive un moment où leur taux excède les possibilités de dégradation de l'organisme. La caféine s'accumule alors

(5) Là encore, la caféine figure sur la liste des produits interdits. Il convient de se montrer prudent avec de tels produits, dont l'abus pourrait faire dépasser le seuil légal de caféinurie.

en augmentant l'anxiété et l'agitation, elle diminue les aptitudes. D'autres effets dangereux peuvent survenir : maux d'estomac, irritabilité ou diarrhées.

La caféine inhibe également l'absorption de la thiamine (une vitamine importante pour le métabolisme des glucides), ainsi que l'absorption de divers minéraux tels que le calcium ou le fer. En fait, les femmes qui en prennent régulièrement (plus que le contenu de deux tasses par jour) et ingèrent peu de calcium (moins de 600 mg/j), se trouvent exposées à un risque accru d'ostéoporose.

Aux États-Unis, tout comme en France, environ 52 % des adultes consomment chaque jour des boissons caféinées. Parmi eux, beaucoup de sportifs croient que ce produit va améliorer leurs performances. La majorité des études a montré qu'elle possède bien un effet ergogène, mais ses conséquences sont aussi imprévisibles que les manifestations déclenchées par son ingestion.

Comment agit-elle ?

La plupart des travaux consacrés à la caféine se sont focalisés sur les sports d'endurance. La principale conclusion est que, dans ce contexte, elle peut prolonger la durée de l'effort.

Trois théories différentes tentent d'expliquer cette constatation ; la première, et sans doute la plus plausible, se fonde sur son aptitude à rendre les graisses plus disponibles pour fournir de l'énergie. Elle stimule la production d'adrénaline, hormone qui accélère la libération des acides gras dans le sang. Au début de l'exercice, les muscles utilisent plus aisément ces acides gras davantage disponibles, ce qui économise le glycogène. Quant à la deuxième théorie, elle dit ceci : par ses vertus stimulantes, la caféine optimise d'une façon ou d'une autre la force de la contraction musculaire. Mais les recherches sur ce plan se sont révélées contradictoires et peu concluantes.

La dernière théorie indique qu'en raison de ses effets cérébraux, la caféine pourrait atténuer la perception de l'intensité de l'effort. Mais cette hypothèse est difficile à prouver.

Son utilisation dans les sports de force

Jusqu'à récemment, on pensait que la caféine ne vous aidait pas beaucoup si votre activité faisait principalement appel à la force ou la puissance. Mais le docteur Larry Spriet et ses collègues de l'université de Guelph, dans l'Ontario, ne partagent pas cet avis. Ils se sont intéressés aux effets de ce produit dans les sports de force. Lors d'une étude, on a demandé à quatorze volontaires d'effectuer trois efforts le plus intensément possible, un délai de 6 minutes séparant chacun d'eux. Les deux premiers efforts ont duré deux minutes chacun, alors que le dernier fut

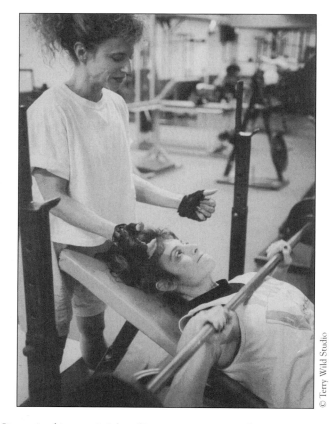

Si vous êtes bien entraîné, la caféine peut apporter un « plus » à vos séances.

conduit jusqu'à l'épuisement. On testa les athlètes à deux reprises, une fois avec de la caféine, et une autre sous placebo. Lors du troisième sprint, la caféine leur permit de prolonger l'effort (4 min 56 s contre 4 min 7 s). La caféine a donc indéniablement amélioré la performance lors de cet effort bref et intense.

Mais comment agit-elle ? Le mécanisme n'est pas vraiment clair. Néanmoins les chercheurs ont pu écarter une possibilité : le prélèvement d'échantillons sanguins et de biopsies musculaires a écarté l'hypothèse initialement avancée d'une épargne du glycogène.

Elle est plus efficace chez des athlètes bien entraînés

D'autres études ont encore montré que la caféine s'avère d'autant plus efficace que vous êtes bien entraîné. Des travaux auprès de nageurs de haut niveau l'ont prouvé. Après l'ingestion de 250 mg de caféine, leur vitesse de nage s'est significativement accrue. Chez des nageurs occasionnels, l'amélioration n'était pas si nette. La même équipe avait en effet précédemment conduit d'autres travaux avec des sujets non entraînés, qui devaient pédaler contre une résistance après avoir reçu de la caféine. Là aussi, la caféine n'avait pas significativement influencé les performances des sédentaires.

En conclusion

La caféine vous apporte vraiment un « plus » lors de l'exercice (surtout si vous êtes en forme), même si personne n'a pu indiquer exactement comment elle agissait. Si vous voulez évaluer ses effets sur vos performances, commencez avec de faibles doses — d'une demi-tasse à une tasse — prise avant votre séance. Une tasse renferme de 100 à 150 mg de caféine. Observez ce qui arrive, et comparez avec les séances que vous avez effectuées sans caféine. Au total, des études de laboratoire suggèrent que l'apport d'un complément de 3 à 6 mg de caféine par kilo de poids, de 30 à 60 min avant l'exercice, peut améliorer la force et l'endurance chez des individus bien entraînés. Mais les résultats issus des laboratoires peuvent différer de ceux obtenus dans le monde « réel » des salles.

Gardez également à l'esprit que sa prise peut aggraver certains problèmes de santé tels que les ulcères, les troubles cardiaques, l'hypertension et l'anémie, pour n'en citer que quelques-uns. Demandez l'avis de votre médecin avant d'en prendre. Et puis surtout, en nutrition, l'emploi de la caféine ne doit pas remplacer le bon sens pratique lorsqu'il est question de disposer d'énergie.

L'ALIMENTATION EST ESSENTIELLE

Fabriquer un muscle ferme et élancé, cela se résume-t-il simplement à l'entraînement et à de bonnes supplémentations ? Non, il y a bien plus à faire. Il ne faut jamais négliger l'équilibre nutritionnel. Reportez-vous aux exemples de rations et menus proposés au chapitre 11. Par-dessus tout, veillez, chaque jour, à absorber suffisamment de calories afin d'apporter à votre corps le carburant requis pour l'exercice. Ajoutez alors, dans un second temps, les compléments pour pousser plus loin le processus de construction du muscle.

Nutrition de l'effort : réalité et fiction

Trois compléments qui promettent plus que ce qu'ils apportent

La quête de moyens permettant d'améliorer les performances et de gagner de la force est aussi ancienne que les sports eux-mêmes. Les anciens grecs avalaient ainsi des plantes et des champignons pour améliorer leurs performances physiques. Au XIXe siècle, les cyclistes européens plongeaient des morceaux de sucres à base de caféine dans de la nitroglycérine, qu'ils mangeaient avant les épreuves. Les athlètes d'autres époques concoctaient également des mixtures stimulantes à base de feuilles de coca et de vin.

Aujourd'hui, cette recherche se poursuit, de nouvelles pilules et décoctions apparaissant constamment, renforcées par une promotion en béton. Levons un coin de voile sur trois [6] des derniers compléments mis en lumière.

Le sulfate de vanadium

Le sulfate de vanadium [7] est la forme sous laquelle on commercialise le vanadium, oligo-élément présent dans les légumes et les poissons. L'organisme en requiert d'infimes quantités, et en excrète plus de 90 % dans les urines. À hautes doses, il se révèle très toxique, et peut occasionner une fatigue excessive. En l'état actuel de nos connaissances, on n'a jamais diagnostiqué de maladie carentielle en cet élément. En tant que complément, il est supposé exercer un effet anabolique en accélérant l'entrée du glucose et des acides aminés dans les muscles, et en élevant le taux d'insuline, propice au développement. Mais on n'a démontré cette propriété que chez les rats. Pourtant, une promotion agressive le présente aux culturistes et aux athlètes comme un complément pour la prise de masse.

Mais tient-il ses promesses miraculeuses ? Une équipe néo-zélandaise s'est aussi posé cette question. Lors d'une étude de douze semaines, quarante culturistes (dont dix femmes), ont avalé une dose quotidienne de sulfate de vanadium ou de placebo, la dose étant calculée selon leur poids (0,5 mg/kg). Afin de pouvoir mesurer leur force, il leur fut demandé d'effectuer des exercices de développés-couchés et d'extension de jambes lors de séquences d'une à dix RM, et cela tout au long de l'expérience.

On trouva que le complément n'exerçait aucun effet sur la masse maigre. On observa certes de modestes gains de force, mais ils furent transitoires, disparaissant après le premier mois de l'étude. Environ 20 % des athlètes ont éprouvé une fatigue extrême durant et après les séances.

À mon avis, il n'existe aucune raison d'avoir recours à des compléments de vanadium. Vous pouvez tirer les résultats promis par leurs fabricants grâce aux méthodes nutritionnelles discutées par ailleurs dans ce chapitre.

---

(6) Note du traducteur : le texte américain comportait un quatrième complément, le « DHEA ». Mais il ne s'agit pas d'un complément nutritionnel. C'est une hormone, pas encore interdite par la législation, mais dont, de toute évidence, il ne saurait être question de faire l'apologie. Il ne s'agit certainement pas d'une « alternative » aux stéroïdes.

(7) Non autorisé en France, on le trouve cependant dans diverses préparations diététiques en provenance des Etats-Unis et proposées dans les salles de culturisme.

L'acide linoléique conjugué (CLA)

Tiré de l'huile de carthame, le « CLA » fait l'objet d'une promotion le présentant comme un brûleur de graisses, un tonifiant musculaire et un ergogène [8]. Que faut-il en penser ? Un magazine qui songeait à incorporer une publicité pour un produit en renfermant m'a adressé son texte afin que je donne mon avis. J'ai fait remarquer que les affirmations relatives à la perte de masse grasse étaient fausses, à moins que la mention « seulement chez les rats » soit ajoutée au document. Une fois encore, un fabricant de complément est parti d'un résultat limité tiré d'une étude sur le rat pour tenter d'affirmer que ce complément fournirait des résultats miraculeux chez l'Homme. Il s'agit d'une manipulation. En fait, on ne sait rien des effets du CLA sur nous. En l'achetant, vous payez seulement pour de faux espoirs.

Le HMB

Ce complément, dont le nom abrégé « HMB » signifie « bêta-hydroxy-bêta-méthylbutyrate », a reçu l'appui de la presse dans les revues de culturisme, même si toutes ont centré leur propos sur une unique étude. Celle-ci a montré que le HMB augmentait la masse musculaire et diminuait l'adiposité des culturistes. Ce travail, qui est cité sur l'étiquette du flacon contenant le complément n'a, en fait, jamais été publié, si ce n'est sous forme d'un bref résumé. L'université qui a conduit l'étude détient d'ailleurs un brevet. Ceci représente un conflit d'intérêts potentiel et m'amène à me demander pourquoi il fait l'objet d'une si lourde promotion.

Présent dans le raisin, le poisson-chat et bien d'autres denrées, le HMB est en fait un produit de la dégradation de la leucine, l'un des acides aminés branchés. Beaucoup d'études animales l'ont employé, et la plupart ont montré que sa supplémentation augmentait la masse maigre et améliorait le système immunitaire. Ces données ont incité à l'utiliser comme additif à l'alimentation animale.

À ce jour, on ne compte qu'une étude parue dans une revue scientifique, consacrée aux effets de la supplémentation avec le HMB, chez l'homme. Lors de la première partie de ce travail, quarante et un culturistes ont reçu soit du HMB à raison de 1,5 g/j ou de 3 g/j, soit rien du tout, et cela pendant trois semaines. Durant ce temps, ils effectuaient six séances hebdomadaires de deux à trois heures.

La supplémentation en HMB a produit certains effets : lors de la première partie de l'étude, les deux dosages ont diminué l'atteinte musculaire occa-

(8) Note du traducteur : on ne le trouve pas actuellement sur notre territoire.

sionnée par cet entraînement. Comparativement au groupe sous placebo, la prise de HMB s'est traduite par une force supérieure. Lors de la seconde partie, la masse maigre a augmenté chez les athlètes supplémentés.

Même si ces résultats sur le HMB semblent prometteurs, davantage d'études sont nécessaires, car on ne peut fonder l'intérêt d'une supplémentation sur une seule étude [9]. Le tableau 7.3 propose un bref résumé, notant les suppléments disponibles sur le marché en fonction de leur intérêt potentiel pour les culturistes.

Tableau 7.3. Cotation des compléments proposés aux culturistes.

Complément	Vaut vraiment la peine	Utilité possible	Sans intérêt
Calories	+		
Compléments de glucides	+		
Mélange protéines/glucides	+		
Créatine	+		
Créatine et glucides	+		
Poudres pour culturistes		+	
Carnitine			+
Caféine		+	
Extraits de plantes			+
Sulfate de vanadium			+
CLA			+
HMB			+

(9) Note du traducteur : la leucine, dont dérive le HMB, a, quant à elle, apporté la preuve de son intérêt, une abondante bibliographie étant à l'appui.

Comment brûler
les graisses

Pourquoi cherchez-vous à perdre du poids ? Pour participer à des compétitions dans une catégorie de poids inférieure ? Vous affûter pour une épreuve ? Améliorer vos performances ? Vous sentir mieux dans vos vêtements ?

Ce ne sont que de louables objectifs, et il existe d'innombrables manières de les atteindre. Deux des plus largement employées, et que je ne recommande pas du tout, sont les régimes de famine ou les régimes exclusifs. Les premiers consistent en une réduction très sévère de l'apport calorique, avec en général pas plus de 800 calories par jour. Il en résulte des conséquences aussi sévères telles que :

- Une fonte musculaire et un déficit hydrique. Si vous avez perdu 8 kg en 20 jours, le premier tiers, voire la première moitié, se compose de liquide. Le reste, ce sont des graisses et du muscle. Vous ne gagnez donc rien à perdre beaucoup de poids en peu de temps.
- Une chute de la puissance aérobie. La capacité de votre organisme à capter et à utiliser l'oxygène (ce qu'on nomme « VO_2 max »), va nettement chuter. Il s'ensuit que vos muscles disposeront de moins d'oxygène pour brûler les graisses.
- Une perte de force. Il s'agit d'un handicap majeur si cette qualité vous est nécessaire en compétition, ainsi que pour achever une séance sans coincer.
- Un ralentissement du métabolisme. Les régimes de famine vous dotent d'un métabolisme plus paresseux. Sa « vitesse » se réfère à la cinétique de la transformation des aliments en énergie ou en structures cellulaires. Elle résulte de la conjonction de deux facteurs : le métabolisme de base (MB) et le métabolisme dit « de repos » (MR).

Le métabolisme de base correspond à l'énergie qui permet uniquement de vivre. Autrement dit, c'est l'énergie requise pour faire battre votre cœur, pour que vos poumons ventilent, et pour que l'ensemble des fonctions vitales se déroule bien. Ces besoins énergétiques doivent être satisfaits. Si par exemple vous êtes une femme, vous ne dépensez pas moins de 1 200 à 1 400 calories par jour, simplement pour maintenir le travail minimal de vos cellules. Imaginez le tort que vous causez à vos processus vitaux en subsistant avec seulement 800 calories quotidiennes !

Votre métabolisme de repos inclut celui « de base », auquel s'ajoutent les dépenses énergétiques liées à l'activité. Votre « MR » représente environ 60 % de vos dépenses journalières. Plus il est élevé, et plus votre organisme brûle efficacement les graisses.

C'est plus particulièrement votre MR qui se ralentit quand vous restreignez votre apport calorique. Lors d'une étude d'un an menée auprès d'hommes ayant un excédent pondéral, chez ceux qui ont réduit leur apport calorique (contrairement à ceux qui ont commencé le sport), le MR a nettement chuté. Ceci tient en partie à la perte de masse musculaire. En effet, le MR s'y trouve étroitement corrélé. La morale de cette histoire c'est que les régimes restrictifs, lorsqu'on les suit sur des périodes prolongées, vont décélérer votre métabolisme de repos et vous faire perdre les muscles que vous avez si durement développés.

Avec les régimes de famine, vous êtes perdant sur toute la ligne. On n'y gagne rien, hormis un surplus de poids. De 95 à 99 % des gens ayant suivi de tels régimes reprennent en effet le poids perdu, plus des intérêts, moins d'un an plus tard.

Les « régimes exclusifs », consistant en programme excluant certains aliments et en privilégiant d'autres, ne valent guère mieux. L'un des problèmes majeurs qu'ils posent, c'est leur conception très déséquilibrée, qui aboutit à des carences en certains nutriments essentiels à un bon état de santé. D'ailleurs, l'analyse de onze de ces régimes parmi les plus connus, a révélé des déficits en un ou plusieurs nutriments essentiels, en la plupart des vitamines du groupe B, en calcium, en fer et en zinc. Avec l'un d'eux, les graisses délivraient 70 % de l'énergie. D'aussi dangereux taux de lipides peuvent conduire à des problèmes cardiaques.

Mais il se pose aussi d'autres problèmes. Prenons le régime hyperprotéiné, l'un des plus prisés des culturistes. À première vue, il est très efficace ! Vous montez sur la balance, vous constatez une nette perte de poids, et vous vous sentez merveilleusement bien, jusqu'à ce que vous cessiez le régime. Le poids revient alors aussi vite qu'il était parti. C'est en raison du caractère très déshydratant de ce régime. Il chasse l'eau hors de l'organisme pour l'aider à se débarrasser de l'excès d'azote. La déshydratation constitue également un danger, pouvant causer de la fatigue, un manque de coordination, des troubles liés à la chaleur comme l'hyperthermie et dans des cas extrêmes (avec une perte d'eau corporelle supérieure à 6 % du poids du corps), la mort peut survenir. Avec une perte de seulement 2 %, ce qui correspond à 1,4 kg chez un individu de 70 kg, vos performances diminuent.

Assez parlé de ce qui ne marche pas. Il existe en effet des exercices « antigraisses » et des stratégies nutritionnelles efficaces. Il s'agit en l'occurrence d'un programme d'entraînement permettant de brûler les graisses et d'un programme alimentaire équilibré et personnalisé, qui met l'accent sur les glucides et contingente les lipides. Mais avant de commencer, il faut se fixer des objectifs précis.

DÉFINISSEZ VOTRE OBJECTIF

Que vous l'atteigniez ou non, vous pouvez vous fixer votre objectif. Il vous suffit de vous demander : à quel poids, à quel taux de masse grasse mon aspect, mes sensations et mes performances sont-ils les meilleurs ? La réponse constitue le but à se fixer. La première étape consiste à calculer quel écart vous sépare de ce chiffre.

On peut calculer le poids idéal de nombreuses façons, notamment avec les tables de poids et taille, la mesure du BMI (*Body Mass Index*), ou les balances de salle de bain. Mais toutes présentent un défaut commun : elles ne sont pas adaptées aux sujets qui pratiquent la musculation. Aucune ne prend en effet en compte la masse musculaire hors norme que vous possédez. En fait, elles peuvent même suggérer que vous soyez trop gros !

Les balances offrent la tentation d'y grimper chaque matin ; il peut s'agir d'un handicap, car votre poids fluctue d'un jour à l'autre en fonction des modifications de votre état d'hydratation qui ne reflètent pas votre perte de poids. Il peut alors se créer une véritable obsession à ce sujet.

Une meilleure technique consiste à procéder à une analyse de la composition corporelle, qui détermine les proportions de graisse et de muscle. On emploie plusieurs techniques. La pesée hydrostatique fait référence en raison de sa grande fiabilité lorsqu'on l'effectue correctement et avec le matériel requis. Mais elle n'est pas très pratique — je ne dispose certainement pas d'un réservoir d'eau dans mon bureau et elle peut se révéler très coûteuse.

Une autre méthode répandue est l'impédancemétrie (BIA), qui consiste à faire passer un courant indolore à travers l'organisme, grâce à des électrodes placées sur les mains et les pieds. Les graisses ne sont pas conductrices, à l'inverse des tissus maigres (on trouve surtout de l'eau dans les muscles). Ainsi, plus un courant traverse vite le corps et moins il contient de graisses. Les données tirées de ces tests sont incorporées à de complexes équations ajustées selon la taille, le sexe et l'âge, permettant d'estimer le taux de masse maigre et l'adiposité. Le problème lié à cette technique, c'est que votre état d'hydratation influe fortement sur sa validité. Si vous êtes légèrement déshydraté, comme la plupart des gens, les données obtenues sont faussées. De plus, les équations ne prennent pas en compte le cas particulier des individus très musclés.

La technique des plis cutanés figure parmi les méthodes indirectes les plus fiables. Elle consiste à mesurer les graisses situées sous la peau, et à utiliser ces données pour déterminer la composition corporelle, dont l'adiposité. L'une des règles nécessaires à l'obtention de mesures fiables impose que ce soit le même technicien qui opère à chaque fois. Ceci limite les variations d'une mesure à l'autre.

J'utilise personnellement, avec les culturistes, une autre stratégie qui peut renforcer la motivation à mesure qu'on se rapproche de l'objectif fixé ; utilisez simplement une pince pour mesurer les plis situés à des endroits précis en haut des bras, sur la poitrine, à la taille, aux hanches, aux cuisses et aux mollets. N'entrez pas ces données dans des équations. Contentez-vous de les enregistrer.

Renouvelez l'opération toutes les 4 à 6 semaines, en veillant à bien placer la pince aux mêmes endroits à chaque fois. Vous pouvez même reporter les mesures sur une courbe indiquant l'évolution au fil du temps, comme preuve du changement positif survenu dans votre corps grâce à la combinaison de votre entraînement et d'une bonne alimentation.

Votre taux optimal de masse grasse

Que signifie « optimal » en termes d'adiposité ? Des taux dénués de danger se situent entre 22 et 25 % pour les femmes et de 15 à 20 % pour les hommes. Mais pour un culturiste, il est souhaitable de posséder des taux plus faibles, de 18 à 10 % pour les femmes, et de 15 à 7 % pour les hommes.

Beaucoup de sportives de haut niveau, cependant, se trouvent sous les 10 %. C'est par exemple le cas des athlètes qui, selon certaines études, ne posséderaient que de 5 à 6 % de masse grasse. Pour certaines, il peut être parfaitement normal de posséder une faible adiposité, et c'est d'ailleurs souhaitable puisqu'il en résulte de meilleures performances. Tant que vous ne restreignez pas délibérément votre apport calorique tout en vous entraînant, on ne voit aucun danger à vouloir présenter une maigreur naturelle. En revanche, la combinaison de restrictions caloriques et d'un excès d'entraînement abaisse le taux de graisses corporelles à un niveau trop bas, compromettant pour la santé. Cet état peut conduire à un déficit en œstrogènes similaire à celui observé lors de la ménopause, et les cycles s'arrêtent. On parle alors d'aménorrhée. Elle présente plusieurs complications, telles qu'une ostéoporose prématurée, des maladies cardiaques, et des problèmes de fécondité.

Pour les femmes n'appartenant pas à l'élite sportive, on peut estimer dangereux de descendre l'adiposité sous 14 %, les concentrations hormonales commençant

Les athlètes de haut niveau peuvent posséder moins de 10 % de masse grasse.

alors à changer. Il peut en résulter les mêmes problèmes de santé que ceux cités ci-dessus.

Les hommes sont naturellement plus maigres que les femmes. Ainsi, à régime alimentaire et entraînement comparables, ils perdent toujours plus de poids. Les femmes ont plus de masse grasse qui leur apporte de l'énergie lors de la grossesse et de la lactation. Le corps féminin tend donc à préserver ses stocks de graisses, ce qui explique en partie pourquoi il est si difficile d'en faire varier le niveau.

Si les réserves adipeuses d'un homme diminuent trop, des problèmes peuvent aussi survenir. De solides preuves en ce sens nous en ont été fournies par une étude menée avec des militaires ayant subi une instruction intensive de huit semaines, englobant des exercices épuisants et des manœuvres. Leurs apports alimentaires avaient été très sévèrement réduits, se limitant souvent à un seul repas par jour. À la fin de l'expérience, leur poids corporel avait chuté de 16 %, mais leur taux de masse grasse seulement de 4 à 6 % : avec des apports si bas, leur corps avait commencé à consommer le tissu musculaire pour en tirer de l'énergie. Le message très clair qu'on en tire est celui-ci : les hommes ne doivent pas descendre leur adiposité sous 6 %, au risque de sacrifier un précieux tissu musculaire. Même les athlètes les plus maigres avec lesquels j'aie travaillé, ne l'ont jamais abaissée sous 4 %.

Combien de graisses voulez-vous perdre ?

Une fois que vous avez déterminé votre composition corporelle par une méthode appropriée, vous pouvez déterminer le nombre de kilos à perdre afin d'atteindre un taux de masse grasse plus bas. Pour cela utilisez cette formule :

1. (poids corporel actuel) × (taux de graisses actuel) = masse grasse.
2. (poids actuel) – (masse grasse) = masse maigre.
3. (masse maigre) / (% désiré de masse grasse) = poids à atteindre.
4. (poids actuel) – (poids à atteindre) = poids à perdre.

À titre d'illustration, considérons que vous pesez actuellement 70 kg, avec une adiposité de 12 %. Votre but est de la porter à 7 %. Ceci signifie que lorsque vous aurez atteint le poids recherché, vous posséderez 7 % de masse grasse et 93 % de masse maigre. Combien de poids devez-vous perdre ? Calculons-le :

1. 70 kg × (0,12) = 8,4 kg de masse grasse.
2. (70 kg) – (8,4 kg) = 61,6 kg de masse maigre.
3. (61,6 kg) / (0,93) = 66,2 kg.
4. Le poids à perdre est de : 70 – 66,2 = 3,8 kg.

Évidemment, vous souhaitez qu'il ne s'agisse que de masse grasse. Voici comment optimiser la perte de graisses et préserver la masse maigre.

STRATÉGIES D'EXERCICES POUR PERDRE DE LA MASSE GRASSE

Votre objectif consiste à vous débarrasser de graisses corporelles sans toucher à la masse musculaire, ni perdre non plus de force ou d'endurance. Vous voulez encore moins que vos performances en pâtissent. Alors, comment rester sur la bonne voie ? Oubliez un moment la diététique. La solution, c'est l'exercice.

L'exercice et la perte de masse grasse

Lorsqu'il s'agit de brûler des graisses, le sport constitue votre meilleur allié pour trois raisons distinctes :

1. Plus vous pratiquez de sport, et moins vous devez vous soucier des calories. Un kilogramme de graisses correspond à 8 000 calories. En dépensant quotidiennement de 250 à 500 calories grâce au sport, vous pouvez perdre, en une semaine, près de 400 g de masse grasse, sans restriction alimentaire. S'il vous faut en éliminer un peu plus, en vue d'une compétition, pour des raisons de santé, pour votre apparence ou pour vos performances, la solution peut simplement consister à accroître votre activité. Lors d'un entraînement intensif de musculation, par exemple, vous pouvez dépenser jusqu'à 500 calories en une heure. Marcher à une allure vive vous en fait brûler 300, une heure de bicyclette vous en coûte le double, alors qu'avec de la danse aérobic vous pouvez perdre 500 calories à l'heure.

2. L'activité élève votre métabolisme. Après un exercice, il peut demeurer élevé plusieurs heures durant, vous faisant dépenser davantage de calories au repos. Et si vous effectuez une séance de musculation, vous le stimulez encore plus. En effet, le muscle que vous développez est un tissu à activité métabolique importante, très gourmand en calories. En disposant d'une masse musculaire accrue, vous activez encore plus votre métabolisme. En fait, il faut à ce tissu 45 calories par jour et par kilo, même au repos.
   À l'université du Colorado, des chercheurs ont recruté dix hommes, âgés de 22 à 35 ans, pour voir quel effet la musculation pouvait éventuellement exercer sur leur métabolisme. À différents moments de l'étude, ils prirent part à un entraînement de la force, à des exercices aérobies, ou restèrent dans des conditions « témoins », calmement assis. Lors de ce travail, on leur fournit une ration standardisée, dont 65 % des calories provenaient des glucides, contre 15 % qui provenaient des protéines et 20 % des lipides.
   Lors de la partie de l'étude comportant de la musculation, ces hommes exécutaient un exercice routinier « standard » bien qu'épuisant, puisque constitué de cinq séries de dix exercices différents pour le haut et le bas du corps, représentant au total cinquante séries. Les séances duraient en tout à peu près 100 min. Les exercices aérobies consistaient en séances de pédalage d'environ une heure à une intensité modérée.
   Ces chercheurs ont relaté leur découverte : le travail de musculation a davan-

tage élevé la consommation d'oxygène que les deux autres options, ce qui signifie qu'il s'agit d'un meilleur activateur du métabolisme de repos. En fait, chez ces hommes, le MR demeura élevé environ quinze heures après la cessation des séances. Cela indique clairement que la musculation active le métabolisme et la combustion des graisses. Avec cette activité, il devient facile de contrôler son poids et d'éviter de grossir.

3. L'exercice préserve le muscle. Si vous perdez 3 kg, vous gagnez en légèreté, mais si la moitié de ce poids provient de la masse musculaire vous n'améliorerez sûrement pas votre force, et vos performances vont vraiment en pâtir. Dans ce cas-là, l'œil avisé remarquera l'aspect flasque de votre musculature. L'exercice représente l'une des meilleures garanties de perdre de la masse grasse sans atteindre le tissu maigre.

Des chercheurs ont cherché à valider ce concept. Ils ont étudié 10 femmes devant maigrir. La moitié a combiné un régime et un entraînement, les autres se contentant d'exercice. Le premier groupe a suivi un régime apportant seulement 50 % des calories nécessaires à la stabilité pondérale. S'y ajoutait un travail aérobie 6 fois par semaine. Le second groupe suivait le même programme, son alimentation apportant, en revanche, le double de calories. Au bout de 14 semaines, on examina les résultats. Les deux groupes avaient maigri, mais différemment. Dans le premier groupe (régime + exercice), les graisses représentaient 67 % du poids perdu, contre 33 % pour la masse maigre. Dans le second (exercice seul), la masse grasse représentait 86 % du poids perdu, contre seulement 14 % pour la masse maigre ! Qui plus est, alors que le MR s'est abaissé de 9 % dans le premier groupe, il s'est maintenu chez celles qui ont fait du sport.

Que nous enseigne tout ceci ? Bien sûr, un régime hypocalorique peut faire maigrir. Mais on risque d'y perdre aussi du muscle. De surcroît, le métabolisme de repos peut s'abaisser, sapant vos espoirs d'un bon contrôle du poids. En combinant l'activité et un régime non restrictif, vous préservez vos muscles, brûleurs de calories, et maintenez votre métabolisme à son niveau.

L'intensité de l'exercice compte

Le terme « intensité » revêt diverses significations selon le type d'activité pratiquée mais, à la base, il décrit dans quelle mesure votre séance est dure. Lors d'exercices aérobies, on l'évalue à l'aide du pouls, qui indique comment votre cœur travaille pour faire face à la demande de diverses activités, y compris l'exercice.

Pour une combustion des graisses « optimale », il faut accomplir un exercice assez soutenu pour élever votre pouls à une valeur de l'ordre de 70 à 85 % de son maximum. La fréquence cardiaque maximale (FCM) se déduit de la formule :

$$FCM = (220) - \text{âge} \pm 10 \%.$$

Lors d'exercices peu intenses, consistant en au moins 20 minutes à environ 50 % de la FCM, les graisses délivrent au moins 90 % de l'énergie.

Des exercices aérobies plus soutenus, à environ 75 % de la FCM, consomment une plus faible quantité de graisses (environ 60 %), mais occasionnent une dépense calorique supérieure, y compris à partir des graisses.

Afin d'illustrer ce concept, voici une comparaison fondée sur des exercices aérobies. À 50 % de votre FCM, vous brûlez 7 calories par minute, dont 90 % proviennent des graisses. À 75 % de la FCM vous dépensez 14 calories par minute, dont 60 % à partir des lipides. Dans le premier cas, même s'ils fournissent 90 % du total, vous ne brûlez que 6,3 calories par minute à partir des lipides, alors que dans le second, où ils ne contribuent qu'à hauteur de 60 % aux dépenses, vous en consommez 8,4 calories par minute (0,60 x 14). En bref, vous brûlez au total plus de graisses aux intensités supérieures.

S'il vous est difficile d'effectuer des séances intensives, essayez d'en allonger la durée. Vous brûlerez de cette manière autant de graisses que lors de sessions plus intenses mais plus courtes.

Pour accroître progressivement votre perte de masse grasse, allongez peu à peu vos séances en aérobie de 30 à 60 min, ou augmentez carrément les distances. Par exemple, couvrir un mile en joggant coûte 100 calories. Courez 5 miles et vous brûlerez 500 calories. Si vous ne parcourez qu'un mile par jour, il vous faudra plus d'un mois pour perdre une livre de graisse, alors qu'avec une distance cinq fois supérieure, il suffira d'une semaine.

Une autre option en rapport avec la durée est la fréquence des séances. Ajouter des sorties hebdomadaires augmente la dépense calorique. Peut-être devrez-vous compléter votre programme d'activités aérobies avec du vélo ou du step pour y apporter de la variété tout en dépensant plus de calories.

La stratégie d'un culturiste professionnel lors des concours

Il y a plusieurs années, un groupe de chercheurs de l'université de l'État d'Arizona a étudié l'alimentation et les stratégies d'entraînement de Mike Ashley, connu dans le cercle du culturisme sous le nom de « Miracle Naturel », en raison de son refus des anabolisants. Voici ce qu'il faisait au cours de la période précompétitive de huit semaines :

– Il absorbait, globalement, 5 000 calories/j, dont 3 674 à partir des aliments, d'une boisson glucidique de l'effort et d'un complément d'acides aminés.

- Il y ajoutait un complément de 1 278 calories/j grâce à un mélange de MCT. Ceci signifie que, sans compter ses aliments, 25,5 % de son énergie avait une origine lipidique. Cependant, le métabolisme des MCT diffère de celui des autres graisses. Plutôt que de les stocker, le corps les utilise tout de suite pour en tirer de l'énergie. Bien que les MCT représentent une source d'énergie plus compacte (avec neuf calories par gramme contre quatre pour les sucres), cette approche n'est guère recommandable. Le plan nutritionnel développé au chapitre 11 offre de plus larges applications et convient à plus de monde.
- Six fois par semaine, il effectuait une séance d'une heure sur une machine à escaliers.
- Il soulevait de la fonte six jours par semaine, en deux à trois sessions quotidiennes. Au total, Mike accomplissait chaque jour de cinq à six heures d'entraînement très intensif.

Avec ces moyens — de nombreuses calories de qualité et beaucoup d'exercices intenses — il est parvenu à abaisser son adiposité de 9 % à un taux de 6,9 % en phase d'affûtage, sans rien sacrifier de son tissu musculaire.

Nul besoin pour vous de commencer à vous entraîner autant (à moins peut-être que vous soyez un culturiste professionnel préparant un concours). Mais on peut brûler des graisses grâce au lien existant entre l'exercice et l'alimentation. Il ne faut pas forcément diminuer l'apport calorique. En fait, vous pouvez même le maintenir à un niveau élevé. Il suffit d'effectuer des exercices d'intensité modérée à élevée.

L'intensité, en entraînement de force, se réfère à la charge que vous soulevez. Pour que vos muscles répondent — c'est-à-dire gagnent en puissance et en volume — vous devez les soumettre à des charges de plus en plus lourdes au fil des séances. Ceci signifie, qu'à chaque fois, vous devez leur imposer des contraintes supérieures à celles des fois précédentes. En d'autres termes, augmentez le poids soulevé d'une session à l'autre. Plus vous développez de muscle, plus votre organisme brûle efficacement les graisses, puisque ce tissu s'avère le plus actif sur le plan métabolique.

LES STRATÉGIES NUTRITIONNELLES « ANTI-GRAISSES »

Voici les meilleurs moyens de maigrir tout en préservant ses muscles.

1. **Ne jeûnez pas.** Puisque vous pratiquez la musculation, et accomplissez aussi sans doute des exercices aérobies, ce qu'il faut, c'est manger plus, et certaine-

ment pas se priver. Des chercheurs de l'université de Tufts ont ainsi trouvé que lorsque des sujets âgés entament un programme de musculation, il leur faut accroître leur ration calorique de 15 % pour conserver leur poids initial. Cela, en fait, n'a rien d'étonnant. En débutant ce programme, ils ont commencé à dépenser plus de calories. En outre, leur métabolisme s'est accru en réponse à la prise de masse.

Vous pouvez estimer votre apport calorique personnel vous permettant de maigrir. À partir de ma recherche auprès des culturistes d'élite, j'en suis venue à considérer qu'avec un apport de l'ordre de 35 à 38 calories par kilo de poids on y parvenait sans fonte musculaire. Le minimum se situe entre 30 et 33 calories par kilo pour un affûtage rapide. Toute ration inférieure est trop restreinte, et ne nourrit pas convenablement.

Supposons que vous pesiez 82 kg. Voici comment estimer l'apport calorique vous permettant de maigrir : multipliez le poids par le besoin minimal :

(82) × (35 cal/kg) = 2 870 calories/j.

Pour stabiliser le poids, passez à 44 calories/kg, soit 3 608 calories/j. Si vous augmentez l'intensité, la durée, la fréquence de vos séances, allez même au-delà, avec 54 calories/kg, soit ici : 4 428 cal/j.

S'il vous faut créer un déficit calorique pour continuer à perdre de la masse grasse ou interrompre un plafonnement, procédez à un accroissement de vos dépenses en ne modifiant que légèrement votre apport calorique. Diminuez par exemple votre ration de 500 calories/jour et augmentez votre activité aérobie de 500 calories/j, de façon à présenter un déficit énergétique quotidien de 1 000 calories.

2. **Réduisez l'apport de graisses.** Elles sont plus promptes à se stocker dans le tissu adipeux. Ceci s'explique par l'effet thermique des aliments, qui correspond à l'énergie dépensée pour l'assimilation des nutriments. L'assimilation des graisses coûte bien moins d'énergie que celle des glucides. Le coût calorique du métabolisme des glucides et de leur mise en réserve sous forme de glycogène correspond à 9 % de l'apport calorique, contre 4 % dans le cas des graisses. En d'autres termes, la transformation des glucides pour fournir de l'énergie fait davantage travailler votre organisme. Il n'en va pas de même avec les lipides. Le corps les reconnaît en tant que graisses et préfère les stocker ainsi plutôt que les dégrader tout de suite. Comme mentionné au chapitre 4, les graisses ingérées ne devraient pas délivrer plus de 20 % de vos calories quotidiennes.

3. **Préservez vos muscles grâce aux protéines.** Pour perdre principalement des graisses et conserver l'intégrité musculaire, il vous faut ingérer une quantité adéquate de protéines. Si vous ingérez une ration trop pauvre en calories, les protéines de votre ration seront certainement dégradées pour fournir de l'énergie à l'instar des graisses et des sucres, et ne serviront pas à construire des tissus.

Alors combien en faut-il pour optimiser la masse musculaire tout en minimisant le taux de graisses ? Ceux d'entre nous qui collaborent avec des culturistes optent pour une prise de 1,6 g de protéines par kilogramme de poids. Dans une étude menée avec dix-neuf culturistes n'utilisant pas de dopants, on a formé trois groupes :

– l'un recevant une ration riche en protéines avec des apports en glucides modérés. Son apport protéique correspondait au double des apports recommandés, soit 1,6 g/kg/j ;

– un second recevant un apport protéique modéré couplé à une grosse portion de glucides. La teneur en protéines était du niveau des ARQ, soit 0,8 g/kg/j ;

– un dernier servant de groupe « témoins ».

Dans le premier cas, l'organisme a retenu davantage de protéines que dans les deux autres situations, ce qui signifie que le surplus de protéines a servi à fabriquer de nouveaux tissus et à en réparer. Toutefois, l'un des désavantages d'une ration hyperprotéinée réside dans sa mauvaise influence sur l'endurance musculaire, avec une baisse de l'aptitude à continuer à se contracter sans fatigue. Malgré tout, les résultats globaux de cette étude suggèrent que si vous cherchez à vous affûter, votre apport protéique doit dépasser les ARQ de façon à protéger la masse musculaire. Mais maintenez aussi votre apport glucidique, indispensable à la poursuite d'entraînements intensifs.

4. **Ne restreignez pas les glucides.** Ne vous souciez pas de ce que vous entendez ou lisez : ils sont essentiels à la perte de masse grasse, pour des raisons qui méritent d'être répétées. D'abord, ils sont indispensables aux réactions cellulaires conduisant à la combustion des graisses.

D'autre part, ils évitent aux protéines de servir de carburant, votre organisme préférant de loin brûler des glucides. Ils préservent alors les protéines qui vont assurer leur principale fonction, la réparation tissulaire et la construction de masse musculaire.

Ensuite, les glucides renouvellent les réserves de glycogène, le carburant utilisé lors de l'effort. Et plus on en dispose en quantité élevée, plus on peut s'entraîner dur. Or un entraînement dur facilite la combustion des graisses et la fabrication de tissu métaboliquement actif.

En outre, lorsque vous digérez des glucides, vos dépenses énergétiques s'élèvent davantage qu'avec des graisses. Ceci est dû à l'effet thermique des aliments, le coût énergétique de l'assimilation des nutriments.

Enfin, les aliments glucidiques (en l'occurrence les glucides « complexes ») contiennent des fibres qui ont leurs propres effets bénéfiques sur la combustion des lipides. Par ailleurs, elles assurent un meilleur contrôle de l'appétit en stimulant la libération d'hormones anorexigènes. De plus, elles accélèrent le transit, ce qui signifie que moins de calories sont assimilées pour se stocker en graisses. Vous le voyez donc : les glucides constituent l'aliment idéal de l'amaigrissement.

Si vous pratiquez la musculation mais intégrez aussi des exercices aérobies à votre programme d'amaigrissement, il vous faut ingérer quotidiennement entre 8 et 10 g de glucides par kg de poids. Cet apport vous assurera des réserves d'énergie pour l'accomplissement de séances intensives.

5. **Réduisez l'ingestion de sucres rapides.** Il s'agit d'une forme d'aliments gluci-diques vers lesquels on se tourne facilement. Les denrées saturées de sucres favorisent l'engraissement de l'organisme. Cela tient au fait que beaucoup de ces produits sucrés, notamment les desserts tels que les crèmes glacées, les gâteaux ou les tartes, renferment aussi beaucoup de graisses. En abuser accroît le risque de grossir.

Des recherches de l'université d'Indiana ont analysé les rations de quatre groupes de sujets : des hommes maigres (adiposité moyenne de 15 %), des femmes maigres (adiposité moyenne de 20 %), des hommes obèses (adiposité moyenne de 25 %) et des femmes obèses (adiposité moyenne de 35 %).

Comparativement aux sujets maigres, les obèses des deux sexes tiraient davan-tage d'énergie des graisses (36 %) ainsi que des sucres raffinés, bonbons, crèmes glacées, beignets, qui renferment également beaucoup de lipides. En d'autres termes, il existe un lien entre les rations riches en graisses et en sucres simples et l'obésité.

Quelle leçon en tirer ? Modifiez la composition de votre ration de façon à limiter la part des lipides. Cela signifie notamment éviter les sucreries riches en lipides. La manière la plus simple d'y parvenir consiste à à accroître la part des glucides complexes dans votre ration. Souvenez-vous que 70 % de vos calories journalières devraient provenir des glucides.

Si vous êtes portés sur les sucreries, optez pour celles sans lipides. Mais même ainsi n'en abusez pas, car leur densité nutritionnelle ne vaut pas celle des sucres complexes.

Il se peut que vous ayez pensé à utiliser des aliments édulcorés. Soyez prudent ; lisez l'encadré ci-dessous résumant les derniers éléments disponibles sur ce sujet controversé.

Les édulcorants ont-ils une place dans les régimes amaigrissants ?

Les édulcorants artificiels se trouvent au cœur d'une controverse. En tant qu'adepte de la musculation soyez ouvert à ce débat. En effet, absorbant beaucoup d'aliments vous êtes parfois amené à en édulcorer certains.

Le plus anciennement connu d'entre eux est la saccharine. Édulcorant sans apport calorique, il fut développé à l'origine (en 1900), pour aider les dia-bétiques et pour améliorer la saveur de certains régimes sous surveillance médicale. Près de cent ans plus tard, l'utilisation des faux sucres est deve-nue extrêmement populaire, et il existe de nombreux nouveaux produits parmi lesquels choisir (voir le tableau 8.1).

Le cyclamate, qui délivre lui aussi zéro calorie, fut introduit dans les années 1950. Son goût, meilleur que celui de la saccharine, lui permit de bientôt la surpasser en popularité. Cependant, dans les années 1970, la

FDA en interdit l'emploi dans les aliments après que des études eurent montré qu'elle augmentait le risque de cancer chez l'animal. Ainsi en 1977, à cause de travaux suggérant qu'elle provoquait des tumeurs de la vessie chez le rat, la FDA imposa un étiquetage d'avertissement sur tous les aliments en contenant.

En 1981, la FDA approuva l'emploi d'un nouvel édulcorant, l'aspartam. Il s'agit d'un composé synthétisé artificiellement à partir de deux ingrédients naturels, les acides aminés « phénylalanine » et « acide aspartique ». Il ne délivre quasiment aucune calorie et son pouvoir sucrant est deux cents fois supérieur à celui du saccharose.

En raison du caractère naturel de ses constituants et de son bon goût, l'aspartame a rencontré une énorme popularité. Mais à peine la FDA a-t-elle validé son utilisation que son innocuité s'est vue remise en cause. On savait déjà bien que sa consommation pouvait se révéler dangereuse pour les sujets atteints de « phénylcétonurie » (PKU), une anomalie du métabolisme de la phénylalanine. Tous les aliments en renfermant doivent comporter un étiquetage d'avertissement à l'attention de ces malades. Mais le spectre d'autres risques, concernant des individus sains, commence à s'élever au sein de la communauté scientifique.

Selon des études, d'autres populations que les sujets atteints de PKU manifestent une sensibilité à l'aspartame. Parmi eux figurent ceux souffrant de troubles de l'humeur. Un travail conduit à la faculté de médecine de l'université d'Ohio a dû ainsi être interrompu en raison de sévères intolérances chez un groupe de sujets dépressifs.

La question de son éventuelle responsabilité dans les tumeurs cérébrales du rat a constitué un champ d'investigations et un sujet de débats au sein de la FDA avant qu'elle n'en autorise l'usage. Aujourd'hui, certains chercheurs affirment que les études et les travaux de synthèse de cet organisme comportaient des biais.

À ce jour, la FDA maintient sa position. Cependant le Docteur John Olney, de la Faculté de médecine de Washington, manifeste son désaccord. Après avoir étudié les effets de l'aspartame sur le cerveau pendant plus de vingt ans, il considère qu'il pourrait y avoir un lien entre l'augmentation du taux de tumeurs cérébrales observée aux États-Unis, et son utilisation depuis dix-sept ans. Selon lui : « Environ trois à cinq ans après son autorisation de mise sur le marché, on a relevé une frappante augmentation de l'incidence de tumeurs cérébrales malignes. »

Il ne réclame pourtant pas son interdiction. Lors d'un entretien, il déclara : « Je n'affirme pas qu'on a prouvé la responsabilité de l'aspartame dans ces cas de tumeurs cérébrales. Je dis simplement qu'il existe une base suffisamment solide pour le suspecter. Il faut le soumettre à de nouveaux tests. »

Tant que leur innocuité demeure débattue, je vous conseille d'utiliser ces produits le moins possible.

Tableau 8.1 Les faux sucres.

Nom de marque	Calories/portion	Avantages/inconvénients
Saccharine	4	Arrière-goût amer. Mis en cause dans des cas de cancers chez le rat
Aspartam	4	Bon goût-détruit à la cuisson. Peut provoquer des réactions chez des sujets intolérants
Acésulfame-K	0	Aussi sucré que l'aspartame mais plus stable et moins cher. Interrogations des groupes de consommateurs quant à son innocuité
Cyclamate	0	Pas d'autorisation de la FDA. Associé à des cancers lors d'études sur le rat

6. **Ne sautez pas le petit-déjeuner.** Ce n'est pas une bonne méthode pour maigrir. En fait, cela va plutôt favoriser la prise de poids ! La plupart de ceux qui ne mangent pas le matin rattrapent ces calories, plus un intérêt, au cours de la journée. À Madrid, des chercheurs ont ainsi établi que les obèses, comparativement à des individus de poids normal, consacraient moins de temps à ce repas, y variaient moins leurs menus et y avalaient de moindres portions.

La prise d'un petit-déjeuner alimente le feu de votre métabolisme pour toute la journée. À l'inverse, passer la matinée affamé constitue une autre forme de jeûne, qui ralentit votre métabolisme. En outre, lorsque vous démarrez le ventre vide, vos performances physiques et mentales en souffrent.

Si, comme moi, le matin est pour vous une course contre-la-montre, avec tout juste assez de temps pour se laver et s'habiller, voici comment faire. Une étude menée en Angleterre a montré que les céréales prêtes à l'emploi, grâce à leur richesse en vitamines et en minéraux et à leur pauvreté en lipides, constituaient un très bon choix.

Mais le petit-déjeuner idéal comporte une combinaison de glucides, de protéines et de lipides. Il devrait délivrer entre le quart et le tiers de vos besoins caloriques journaliers. Si vous vivez à cent à l'heure, il vous faut un petit-déjeuner nutritif dont la consommation demande à peine 5 minutes. Plusieurs recettes figurant au chapitre 11 vous y aideront. Vous pouvez même en consommer certaines sur le trajet. Alors ne sautez plus le petit-déjeuner !

Nutrition de l'effort : réalité et fiction

Les pilules amaigrissantes : un moyen rapide de perdre du poids ?

Devez-vous avoir recours à des pilules amaigrissantes pour perdre de la masse grasse et arriver au poids de forme ? De toute évidence, non.

Dans la dernière génération de pilules, on trouve des coupe-faim comme la fenfluramine, la phentermine et la dexfenfluramine [1]. Ces substances influent sur les processus chimiques en jeu dans le mécanisme de la faim. La FDA a retiré la fenfluramine du marché américain en septembre 1997, sur la base d'études qui avaient montré que 30 % des 290 patients en ayant utilisé avaient donné des signes d'anomalies cardiaques.

La dexfenfluramine présente un effet secondaire rare mais potentiellement mortel : il s'agit de l'hypertension pulmonaire primaire, lors de laquelle les vaisseaux sanguins qui irriguent les poumons se sclérosent et rétrécissent. Il s'agit d'une pathologie évolutive pouvant conduire à la mort en quelques années.

La phentermine peut encore être prescrite. Ses effets secondaires incluent le dessèchement de la bouche, de la nervosité, de la constipation et de l'insomnie.

On a d'abord donné ces produits à des personnes considérées comme obèses, c'est-à-dire dont le poids se situait au moins 20 % au-dessus de l'idéal. En revanche, aucun médecin soucieux d'éthique ne les prescrirait à des sujets dont le surpoids n'excède pas 4 kg.

Aux États-Unis, on trouve également, en vente libre, d'autres pilules amaigrissantes. Qu'en penser ? Ce sont aussi des coupe-faim. Toutes contiennent un dérivé d'amphétamine nommé la « phénylpropanolamine » [2]. Stimulant léger, ce produit occasionne divers troubles fâcheux, tels que de

(1) Note du traducteur : ce sont les principes actifs d'un célèbre médicament coupe-faim, l'Isoméride, interdit sur notre territoire depuis trois ans et dont le laboratoire Servier a cessé la distribution en Belgique depuis septembre 1997. Tous trois figurent sur la liste des produits interdits, publiée et régulièrement remise à jour par le ministère de la Jeunesse et des Sports.
(2) Note du traducteur : en France, ce produit classé parmi les dopants peut néanmoins bénéficier d'une justification thérapeutique.

la nervosité, de l'anxiété, et une augmentation de la pression artérielle. Plus troublant, certains, en particulier des adolescents, peuvent avoir une attaque s'ils dépassent la posologie.

Oubliez toutes ces pilules. En tant que culturiste, vous possédez les meilleures armes pour combattre l'adiposité, une alimentation et une pratique sportive qui facilitent la dépense calorique du muscle et accélèrent le métabolisme.

INDIVIDUALISEZ VOTRE RATION

Procéder à des changements d'ordre diététique ne revient pas à éliminer vos aliments favoris ni à transformer vos habitudes. Il s'agit simplement d'en modérer l'ingestion en les mangeant moins souvent, et d'apprendre comment procéder à des substitutions plus saines.

Prenez le cas de Doug, joueur de base-ball de dix-sept ans, qui rêvait de devenir quarterback malgré son manque de vitesse et l'état exténué dans lequel il terminait souvent le dernier quart temps. Après qu'on eut déterminé sa composition corporelle, son entraîneur observa qu'il devait maigrir.

J'ai analysé sa ration afin de déterminer si on pouvait y introduire des substitutions facilitant cet objectif. Son petit-déjeuner se composait en général d'un gâteau danois et d'un jus d'orange. Il remplaça celui-là par un muffin, plus nutritif.

Son déjeuner habituel consistait en un double cheese avec des frites et une tarte aux pommes. Au lieu de se rendre à son fast-food favori, il a commencé à prendre ces repas au bar du coin, où il lui était possible de commander une viande maigre telle que du poulet, servie avec du pain de seigle et des bretzels.

En général, il goûtait de coca et de barres chocolatées, aliments sucrés et très gras qui le laissaient rassasié et léthargique. Doug opta à la place pour une banane.

Après l'entraînement, il avait l'habitude de souper chez lui. Il remplaça la purée à la crème par des pommes de terre au four, utilisa une sauce vinaigrette allégée, et prit au dessert une glace allégée au lait plutôt qu'une crème glacée.

Ces minimes modifications ont eu des répercussions majeures. Sa ration glucidique a augmenté, à l'inverse de l'apport en graisses. Il est parvenu à maigrir sans sacrifier sa masse musculaire. Et, tout aussi important, il a amélioré son rendement sur le terrain. Vous pouvez obtenir des résultats comparables en adoptant une approche similaire pour planifier votre alimentation. Jouerez-vous le jeu ? Assurez-vous alors de bien vous imprégner des modèles de rations proposés au chapitre 11 comme exemples pour perdre du poids.

9

S'affûter avant
la compétition

Vous avez peut-être décidé de franchir le pas qui sépare votre pratique sportive de la compétition ? Ou alors vous comptez déjà parmi les compétiteurs et cherchez un affûtage supplémentaire ? Quoi qu'il en soit, la solution se trouve dans la nutrition.

En culturisme, on juge les compétiteurs sur la vigueur du muscle, sur la définition (l'absence de graisses), la symétrie (la forme et la taille relative des divers muscles) et l'habileté à poser. Lorsque vous préparez un concours, vous vous efforcez de maigrir sans perdre de masse maigre, de façon à pouvoir présenter la meilleure définition musculaire possible. Dans certaines compétitions, les culturistes concourent dans des catégories de poids, et se montrent donc concernés par le problème de la limite à atteindre. Ils suivent classiquement des régimes précompétitifs leur permettant de s'affûter ou d'entrer dans la classe désirée.

À l'inverse des compétitions de culturisme, où on juge principalement les participants sur l'apparence, les compétitions d'haltérophilie classent les individus en fonction des performances accomplies. Votre objectif consiste alors à soulever le plus de poids possible. Au préalable, il vous a également fallu passer avec succès la pesée pour concourir dans la catégorie désirée. À l'égal d'un culturiste, vous devez vous focaliser sur la prise et la préservation de la masse musculaire ainsi que sur la perte de graisses pour parvenir à votre poids de compétition. Pour tous ceux qui veulent atteindre leur pic de forme en vue des compétitions, l'alimentation précompétitive joue donc un rôle crucial.

Jusqu'à récemment, la plupart des adeptes des sports de force scindaient leur alimentation précompétitive en deux phases. D'abord la phase de « charge », où ils avalaient d'énormes quantités d'aliments sans se soucier du taux de lipides ni d'aucune autre notion de diététique. Ensuite, la phase dite « d'affûtage », où des mesures draconiennes, telles que le recours à un régime proche du jeûne et l'emploi de médicaments, sont adoptées dans le but de perdre rapidement du poids lors des semaines qui précèdent l'échéance. Sauf si des règles diététiques rationnelles sont suivies, cette approche s'avère néfaste, rigide, monotone et plutôt risquée pour qui veut réussir. La « charge », quant à elle, tend à faire grossir, et il sera ensuite difficile de maigrir au moment d'aborder la préparation finale.

Aujourd'hui cependant, de plus en plus d'athlètes choisissent de rester dans une forme de pointe tout au long de l'année, ce qui rend plus facile la perte de masse grasse, du fait que l'excédent est moindre. Le processus d'affûtage s'avère alors plus sain et bénéfique.

Ce chapitre évoque, étape par étape, la stratégie diététique précompétitive nommée « l'affûtage », qui fait perdre le maximum de gras, préserve le muscle et permet de concourir au meilleur niveau. Elle s'applique surtout aux culturistes, même si les autres adeptes de la musculation peuvent adapter beaucoup de ces conseils. La fin de ce chapitre aborde des points essentiels pour les haltérophiles.

ÉTAPE 1 : FIXEZ LA DATE DE DÉBUT DU RÉGIME

La durée de votre régime précompétitif dépend de l'état de votre forme au moment où vous reprenez. Si, durant l'intersaison, vous vous êtes laissé aller au point de trop grossir, il vous faudra allonger de plusieurs mois la durée de votre régime.

N'entamez pas ce régime trop peu de temps avant la compétition : la tentation d'opter pour un régime de famine serait alors trop forte. Il s'ensuivrait une fonte musculaire, une perte de force et de puissance, un manque d'énergie, de la mauvaise humeur, de l'irritabilité et une baisse de l'immunité. Perdre beaucoup de graisses en peu de temps constitue de toute façon une gageure pour la plupart des gens. Physiologiquement, personne ne peut en effet perdre plus de 1 500 g de graisses en une semaine, même avec un jeûne total. Il faut aborder de manière progressive le régime précompétitif.

Entamez votre préparation de dix à douze semaines avant l'échéance. Durant cette période, ne procédez qu'à de légers ajustements de vos apports caloriques et nutritionnels ou de votre préparation aérobie. De plus, supplémentez avec de la créatine et consommez des compléments de protéines et de glucides juste après vos séances, comme on l'a suggéré au chapitre 7.

ÉTAPE 2 : FIXEZ UNE DIMINUTION CALORIQUE RAISONNABLE

Pour réussir dans les compétitions de culturisme, il est absolument indispensable de s'affûter. L'une des façons d'entamer ce processus consiste à réduire peu à peu les calories. En absorbant moins de calories, on peut graduellement abaisser l'adiposité. Mais il ne s'agit pas de réduire trop nettement l'apport énergétique. Ce faisant, vous réduiriez votre métabolisme de repos (MR) par deux mécanismes ; le premier est lié à l'effet thermique des aliments, c'est-à-dire à l'élévation du MR survenant après un repas, lié à l'assimilation et à la transformation des nutriments. En absorbant plus de calories, vous accroissez l'importance de ce phénomène et, de ce fait, vous élevez le MR. Sans un minimum de calories pour activer les processus métaboliques, il devient plus difficile de brûler des graisses.

Deuxièmement, de longues périodes de déficit calorique — c'est-à-dire de rations à moins de 1 200 calories/j — abaissent le MR par le biais d'un processus nommé « réponse adaptative du jeûne ». Ceci signifie simplement que votre métabolisme s'est ralenti de façon à s'ajuster à vos faibles apports alimentaires. Votre corps stocke alors les graisses et les calories au lieu de les brûler. Vous pouvez même prendre du poids avec un régime à 1 200 calories par jour.

On a souvent observé la réponse adaptative du jeûne chez des athlètes d'endurance insuffisamment nourris. Dans une étude menée auprès de triathlètes, on a ainsi découvert qu'ils n'absorbaient pas assez de calories pour trouver le carburant nécessaire à leur entraînement et aux épreuves. Lorsqu'on augmenta leur apport énergétique, leur poids ne monta pas. Cela est dû au retour à la normale du métabolisme de repos, qui est survenu avec l'introduction de rations plus élevées. Ainsi, pour que votre MR continue à tourner à plein régime, il faut absorber assez de calories pour faire face à vos besoins.

Lors de la préparation précompétitive, réduisez votre apport énergétique de 500 calories/j. Un tel aménagement ne va pas influer négativement sur votre MR. Simultanément, augmentez votre activité aérobie de manière à brûler environ 500 calories en plus. Ces deux ajustements permettent de créer un déficit de 1 000 calories/j. Une livre de graisses correspondant à 4 200 calories vous devriez, grâce à cette procédure, perdre près d'un kilo de graisses par semaine, un rythme sans danger qui vous garantit d'arriver avec succès au poids de forme le jour « J ».

Il se peut, selon le nombre de kilos à perdre, le temps dont vous disposez et votre facilité à brûler les graisses, que vous préfériez ne réduire votre apport que de 250 cal/j. Voici ce que je vous suggère : entamer une procédure d'affûtage en dehors de la période compétitive afin de mieux sentir combien de graisses votre organisme peut effectivement brûler.

Il existe une autre façon de calculer l'apport calorique requis. C'est celle qui consiste à rapporter le nombre de calories au poids corporel. Comme on l'a noté au chapitre 8, il vous faut en général un minimum de 44 calories par kilo et par jour pour maintenir votre poids (et jusqu'à 50 à 60 calories par kg/j si votre préparation englobe des exercices aérobies). Pour maigrir, descendez jusqu'à 30-35 cal/kg/j. N'allez cependant pas plus bas : vous risqueriez de perdre du muscle.

Vous vous demandez sans doute s'il ne suffirait pas d'opter pour un régime « de famine » pendant deux semaines afin d'arriver en forme le jour « J » ? Après tout, vous pratiquez la musculation avec des charges lourdes ; cela devrait vous protéger de la fonte musculaire.

Aussi logique que semble cet argument, les données scientifiques prouvent qu'il est faux. Une étude de quatre semaines, englobant des femmes trop lourdes, les a réparties en deux groupes, l'un suivant un régime, l'autre le couplant à un entraînement de force. On leur donnait une ration à 800 calories/j. Voici les résultats étonnants qu'on en a tirés : dans les deux groupes, on a perdu autant de poids, environ 3 kg de graisses et 14,2 kg de muscle. La conclusion, c'est que le travail de musculation ne joue aucun rôle protecteur dans un contexte de restriction calorique.

On en déduit, pour les culturistes, des implications très claires : en seulement quatre semaines, on peut perdre du précieux tissu musculaire en entreprenant un régime de famine avant la compétition. Des travaux menés avec des culturistes ont montré qu'on peut perdre du muscle en seulement sept jours, si on adopte une ration très pauvre ne délivrant que 18 calories/kg/j. Comptez les calories pour bien estimer la restriction mise en œuvre.

ÉTAPE 3 : FAITES PLUS D'EXERCICES AÉROBIES

Pour se sculpter un physique de vainqueur, augmentez la durée et l'intensité des séances aérobies de votre préparation précompétitive. Elles stimulent l'activité d'un enzyme qui brûle les lipides, et qui se nomme la « lipase hormono-dépendante ». Cette hormone dégrade les graisses de réserve et en facilite la mise en circulation à des fins énergétiques. Les exercices aérobies accroissent également la VO$_2$ max, c'est-à-dire l'aptitude à capter l'oxygène et à l'expédier vers les tissus. Or, on brûle plus efficacement les graisses lorsque la disponibilité en O$_2$ est accrue.

Si vous consacrez beaucoup d'efforts à ces activités, vous n'aurez peut-être pas à suivre de régime, comme semble l'indiquer une récente étude issue de l'université de Virginie. Des femmes de poids normal sont parvenues à abaisser leur adiposité en l'espace de trois mois, seulement avec quatre séances hebdomadaires de

Des exercices aérobies intenses sont indispensables au cours de la préparation précompétitive.

© Terry Wild Studio

45 minutes d'exercice aérobie, effectué à un rythme cardiaque compris entre 80 et 90 % de la FCM. Elles n'ont pas suivi de régime, et ont pourtant perdu beaucoup de graisses corporelles.

Voici une bonne nouvelle pour ceux qui ont une bonne condition physique aérobie : Mieux vous êtes entraîné dans ce registre - et plus vous êtes maigre — et mieux votre organisme brûle les graisses à des fins énergétiques. En améliorant votre VO$_2$ max (et donc la disponibilité en oxygène de vos tissus), ces séances élèvent l'aptitude de vos muscles à utiliser les graisses. Au niveau cellulaire, leur dégradation et leur libération à partir des sites de stockage des muscles et des adipocytes s'effectuent plus vite.

Il n'y a aucun doute à ce sujet : ces exercices sont miraculeux pour la combustion des graisses. Restez donc maigre et en bonne forme toute l'année et vous ne connaîtrez aucun problème pour perdre vos dernières onces de graisse avant une compétition.

ÉTAPE 4 : MANGEZ PLUS DE PROTÉINES

Lors de la préparation précompétitive, il vous faudra ingérer entre 1,8 et 2 g de protéines par kg de poids et par jour. Ce niveau assurera le maintien de votre masse musculaire. En augmentant vos apports protéiques lors d'une phase de restriction calorique, vous vous protégez de la fonte musculaire. Et le surplus apporté peut éventuellement fournir un complément d'énergie.

ÉTAPE 5 : PLANIFIER LES HORAIRES DE VOS REPAS ET DE VOS SÉANCES POUR MIEUX BRÛLER LES GRAISSES

Vous voulez optimiser la combustion des graisses au cours d'une séance aérobie ? Alors n'ingérez pas de repas riche en glucides (et en particulier en sucres « rapides ») dans les quatre heures qui la précèdent. Cette recommandation est exactement l'inverse de celle que je fais aux athlètes d'endurance, ou à un culturiste en phase d'entraînement normal. Mais il y a une raison : la prise de glucides avant l'effort diminue votre aptitude à brûler les graisses au cours des cinquante premières minutes d'un exercice d'intensité modérée. Voici pourquoi : ils stimulent la libération de l'insuline dans le sang. Elle va empêcher l'enzyme en jeu dans la dégradation des graisses, la « lipase hormono-sensible », d'agir sur les réserves adipeuses. En l'absence de glucides, votre corps peut plus facilement les utiliser. Il s'ensuivra que vous serez plus maigre.

Avant l'effort, plutôt que des glucides, mangez un peu de protéines s'il vous faut un surcroît d'énergie. En effet, à l'inverse des glucides, elles n'inhibent pas le processus d'utilisation des lipides au cours de l'activité. Cependant, l'exclusion des glucides avant l'effort constitue une pratique à ne suivre que lors de cette phase précompétitive.

ÉTAPE 6 : NE NÉGLIGEZ PAS LES GLUCIDES

En ce qui concerne le reste de votre alimentation, ne réduisez pas trop nettement l'apport de glucides, au risque de devenir amorphe. Vous n'aurez « aucun mental » le jour de la compétition, car le manque de sucres influe défavorablement sur l'humeur. Vous risquez même de trembler lors de vos poses. Il est clair que vous avez besoin de glucides même lors de la phase d'affûtage.

En tenant compte de l'augmentation de l'apport protéique, le profil de votre ration deviendra alors le suivant : protéines : de 20 à 25 % des calories ; glucides : de 55 à 60 % ; lipides : de 20 à 25 %. Tant que vous ne restreignez pas trop nettement l'apport calorique, vous disposerez toujours d'assez de glucides pour bien vous entraîner.

ÉTAPE 7 : RÉDUISEZ L'APPORT LIPIDIQUE

Surveillez aussi votre apport en graisses. Comme je l'ai expliqué au chapitre 4, les lipides alimentaires se transforment plus facilement en réserves adipeuses que les glucides. Il devient par conséquent encore plus crucial, lors de l'affûtage, d'en éviter les meilleures sources. La base de vos repas se composera alors de céréales complètes, de pâtes, de haricots, de légumes et de fruits. De ce fait, forcément, votre ration sera pauvre en graisses. Elle devra également renfermer davantage de graisses insaturées que de saturées. Voyez au chapitre 4 comment calculer le contenu en lipides de votre ration.

ÉTAPE 8 : ESPACEZ VOS REPAS AU COURS DE LA JOURNÉE

Plutôt que de stocker des calories, votre corps les utilisera bien mieux à des fins énergétiques si vous consommez plusieurs petits repas au cours de la journée. La plupart des culturistes et des haltérophiles fractionnent leur ration en 5 à 6 prises quotidiennes, voire plus.

Cet espacement vous permet d'assurer un apport d'énergie constant. En outre, plus vous prenez de repas et plus vous brûlez de calories, grâce à l'effet thermique des aliments. En d'autres termes, à chaque fois que vous mangez, votre métabolisme s'accélère. Pour obtenir de meilleurs résultats, ne dépassez pas 400 à 500 calories à la fois. Ce fractionnement constitue une bonne habitude, même si vous ne suivez pas spécialement de régime précompétitif.

ÉTAPE 9 : SOYEZ PRUDENTS, COMPLÉMENTEZ VOTRE RATION PENDANT LE RÉGIME

Il existe d'horribles, mais véridiques histoires, de culturistes au régime, plus particulièrement chez les femmes qui se soumettent à des régimes très restrictifs avant les concours et développent des carences en calcium, magnésium, zinc, vitamines D ou en d'autres nutriments.

En général, ces carences néfastes surviennent en raison de la suppression des viandes et des laitages lors de l'affûtage. Vous n'avez pourtant rien à redouter de ces aliments. Vous pouvez maintenir la viande rouge dans votre ration tant qu'elle est maigre et cuisinée comme il faut. Les laitages allégés, source d'importants minéraux, peuvent aussi être conservés. Tant que vous en usez avec modération aucun de ces aliments ne peut vous faire grossir.

Puisqu'on restreint les calories en phase d'affûtage et que certains culturistes suivent de tels régimes plusieurs fois par an, il convient de supplémenter avec une préparation de vitamines, de minéraux et d'antioxydants délivrant 100 % des apports recommandés pour chacun. Reportez-vous au chapitre 10 pour des conseils complémentaires à ce sujet.

ÉTAPE 10 : SURVEILLEZ L'APPORT HYDRIQUE

Les culturistes qui participent aux concours vivent avec la hantise de la rétention d'eau, phénomène que les médecins nomment « œdème ».

En vérité, la rétention d'eau peut vous empêcher de paraître affûtés quand bien même vous vous seriez préparé à la perfection. Par endroits, l'eau peut provoquer des gonflements et vous faire paraître gras alors que votre surpoids n'est que du liquide.

Comment l'éviter ? La consommation de quantité d'eau suffisante lors de l'affûtage constitue, de manière ironique, la meilleure prévention. Il s'agira de boire au moins de huit à dix verres d'eau pure par jour. Grâce à cet abondant apport de liquide, votre corps élimine naturellement l'excédent.

Inversement, en buvant trop peu, vous forcez votre corps à retenir l'eau le plus possible, au point d'être gonflé à la fin de la journée. La déshydratation peut, elle aussi, dégrader votre forme. Si vous souffrez d'un manque d'eau, vous ne pourrez pas vous entraîner aussi intensément.

Outre la prise de volumes d'eau suffisants, d'autres stratégies préventives peuvent être envisagées.

Modérez votre ingestion de sel si vous êtes sensible au sodium

Élément essentiel de notre ration, le sodium a acquis une très mauvaise réputation dans le culturisme et les divers sports où existent des catégories. Nos besoins minimaux se situent à 500 mg/j. Notre corps règle finement le niveau des électrolytes, y compris du sodium. La diminution de son apport n'a pas grand effet, puisque l'organisme retient exactement ce dont il a besoin, même dans ces conditions. En outre, il faut vraiment ingérer le minimum requis afin de maintenir l'équilibre hydrominéral. Dans le cas contraire, les fonctions nerveuses et musculaires en pâtissent, et les performances baissent sensiblement. Certains culturistes ont ainsi dû quitter la salle juste avant la compétition en raison de déshydratation et de possibles déséquilibres minéraux.

Si vous êtes sensible au sodium, c'est-à-dire s'il provoque chez vous de la rétention d'eau, vous devrez sans doute en restreindre un peu l'apport. Ne tombez

Profil d'un champion

Après s'être cassé le pied, le capitaine d'une équipe de football américain m'a demandé ce qu'il pouvait entreprendre, sur le plan nutritionnel, pour guérir plus vite. Je lui ai demandé de s'assurer qu'il buvait assez de lait, dans la mesure où le calcium qu'il délivre permet la consolidation de l'os. Mais un problème s'est posé : il n'en buvait pas à cause d'une intolérance au lactose, anomalie très répandue.

Ceux qui en souffrent ne disposent pas de la « lactase », l'enzyme qui permet de dégrader le sucre du lait (le lactose), lequel facilite l'assimilation du calcium au niveau des intestins. Ce déficit concerne environ 70 % de la population mondiale. Les troubles digestifs qui s'ensuivent sont d'une gravité variable, des gaz aux douleurs sévères et à la diarrhée.

Dans cette situation, il existe plusieurs options permettant d'ingérer assez de laitages, sources de calcium. La première consiste à se contenter, au début, de petits volumes de lait (une demi-tasse à la fois), pour juger de la tolérance à cette dose. Une autre sera de consommer de vieux fromages et des yaourts, dont la flore bactérienne permet une meilleure digestion. Des produits voisins tels que les laits fermentés (au « bifidus »), partagent cette qualité. Aux États-Unis, un produit comme « Lactaid », lait traité au préalable par des enzymes lactiques, permet aux sujets intolérants d'en boire enfin.

Sur mes recommandations, ce footballeur essaya ces produits et ne connut plus de problème.

cependant pas dans l'excès. Il suffit d'éviter les aliments qui en contiennent le plus, tels que les pickles, les condiments, les salaisons, les aliments fumés, les conserves ou certaines viandes. Bien sûr, ne salez pas les plats. C'est la priorité. Mais nul besoin d'éliminer certaines denrées sous prétexte qu'elles renferment trop de sodium, comme le font la plupart des culturistes avec les laitages lors de l'affûtage. Certes le fromage est très salé, mais un verre de lait écrémé n'apporte que 126 mg de sodium. Deux blancs d'œufs, qui constituent la source de protéines préférée de bien des culturistes, en renferment quant à eux 212 mg. Le lait est aussi une bonne source de protéines, de vitamines et de minéraux. Alors il ne faut pas que, soucieux de limiter l'apport en sel de votre ration, vous exclussiez cette importante source de nutriments, par ailleurs peu grasse. Pour conserver une ration peu riche en sel, privilégiez les céréales complètes, les légumes et fruits frais, les laitages allégés et les viandes non transformées.

Les diurétiques chassent le sodium et les autres électrolytes de notre organisme, exposant à des déséquilibres minéraux fatals. Mais il s'agit de produits illicites dont il faut absolument éviter l'ingestion, pour des raisons tant éthiques que médicales.

Manger des légumes naturellement diurétiques

Certains aliments aident naturellement l'organisme à éliminer l'excédent d'eau de l'organisme. Parmi eux, figurent le concombre, les asperges et le cresson. Essayez d'en manger lors de l'affûtage, notamment la veille de la pesée pour ceux qui redoutent la rétention d'eau.

Ne négligez pas les exercices aérobies

Ces exercices améliorent l'élasticité et la tonicité des vaisseaux. Sans ces qualités, l'eau peut s'infiltrer et s'accumuler dans les tissus pour aboutir à la rétention d'eau, que prévient un entraînement aérobie régulier.

LA DERNIÈRE SEMAINE AVANT LA COMPÉTITION

Afin d'être « super-affûté » le jour « J », resserrez encore un peu votre régime, afin de rogner un peu plus sur les graisses. Abaissez ainsi votre ration à 30 calories/kg et par jour pour les femmes, et à 33 calories/kg pour les hommes. N'employez cette approche qu'en cas d'absolue nécessité.

Beaucoup d'athlètes de force craignent, à tort, d'être trop hydratés (trop « remplis ») juste avant les compétitions. En fait, il est indispensable de disposer en quantité suffisante de liquide, de calories et de nutriments pour se sentir fort et avoir l'air en grande forme. La meilleure façon de procéder consiste sans doute à employer des aliments liquides. Ils vous rechargeront tout en passant bien plus vite dans le tube digestif que les aliments solides.

Comme chaque portion délivre à peu près autant de calories qu'une collation ou qu'un petit repas, n'en prenez qu'une, deux heures et demie à trois heures avant la compétition. Si aucun problème digestif ne survient, vous pouvez y ajouter tout au long de la journée quelques aliments pauvres en fibres, de façon à accroître votre apport nutritionnel et à éviter la monotonie liée à la seule prise de boisson. Ensuite, après la compétition, mangez une grande diversité d'aliments afin d'équilibrer vos apports de la journée.

À L'ATTENTION PARTICULIÈRE DES HALTÉROPHILES

En tant qu'haltérophile, vous n'appréciez certainement pas d'être complètement épuisé. Vous voulez au contraire être aussi fort et puissant que possible dans votre catégorie. Voici comment y parvenir.

Chargez vos muscles avec des sources d'énergie

Les glucides et la créatine sont vos meilleurs atouts. Gardez une ration hyperglucidique supplémentée avec de la créatine. Prenez-les ensemble, comme on l'a conseillé au chapitre 7, de façon à surcharger vos muscles en énergie. De toutes les études maintenant consacrées à la créatine, on a acquis la certitude que c'est cette combinaison qui accroît le plus votre force et votre puissance.

Vous n'avez pas besoin de suivre un régime hyperglucidique : il n'existe aucune preuve scientifique montrant que cette procédure améliore les performances dans les sports de force. Contentez-vous de garder une ration riche en glucides tout au long de votre entraînement et lors de la préparation à l'épreuve. L'aborder avec des réserves d'énergie suffisantes est capital.

Augmentez le travail aérobie si vous devez encore maigrir

Augmentez votre activité aérobie tout en maintenant votre apport glucidique, cela vous aidera à perdre des graisses et à entrer dans la catégorie de poids désiré. Il se peut que vous deviez également abaisser votre apport calorique. Dans ce cas, donnez-vous un long délai, dix à douze semaines, pour « faire le poids ». Si votre objectif se rapproche vite, portez votre ration à 20 calories par kg et par jour. Ceci vous aidera à perdre près d'1,5 kg en une semaine. Mais gardez à l'esprit que vous risquez aussi une fonte musculaire.

*Une ration riche en glucides, supplémentée avec de la créatine,
aidera les haltérophiles à préparer leurs compétitions.*

Si vous devez descendre à 20 calories/kg/j, ne suivez pas ce régime plus de sept jours. Au-delà, vous risquez de ralentir votre métabolisme de repos et d'abaisser votre aptitude à brûler les graisses.

Évitez les pratiques dangereuses

Avant une rencontre, il n'est pas rare de voir des haltérophiles pratiquer un exercice sous d'épaisses couches de vêtements, ou s'asseoir de longues périodes dans un sauna — tout cela sans boire. Ces pratiques peuvent causer des déshydratations si graves qu'elles peuvent endommager les reins et le cœur. De toute façon, les athlètes déshydratés ratent en général leurs compétitions.

Le jeûne ne constitue pas non plus une bonne idée, même pour un jour ou deux. Vous perdrez rapidement de l'eau, et il en résultera des problèmes liés à ce déficit. La déplétion du glycogène surviendra aussi, rendant quasiment impossible toute chance de bien se comporter le jour « J ».

À VOUS DE JOUER !

Si vous suivez au mieux ces recommandations, vous serez surpris de la facilité avec laquelle vous aurez mené votre préparation à la compétition. En seulement quelques mois, vous aurez acquis la condition requise pour y participer. Alors à vous de jouer, débarrassé de vos graisses et prêt à tout donner !

Nutrition de l'effort : réalité et fiction

L'insuline est-elle un produit miracle ?

L'insuline représente l'une des hormones les plus puissantes et polyvalentes de notre corps. Elle augmente la captation et l'utilisation du glucose par les cellules, dont celles des muscles. Elle exerce un effet anabolique (de développement tissulaire) par son action facilitatrice sur la synthèse protéique. Elle agit en synergie avec l'hormone de croissance pour promouvoir le développement. En revanche, elle facilite aussi la formation de graisses de réserve.

On l'utilise en médecine pour traiter le diabète, pathologie complexe où le pancréas ne produit plus assez d'insuline (ce qu'on nomme le diabète de « type I »), où en produit sous une forme que l'organisme n'utilise pas bien (diabète de « type II »). La première pathologie requiert l'injection d'insuline. Le diabète, en général, constitue la 7e cause de mortalité aux États-Unis, où on recense onze millions de personnes porteuses de cette anomalie. En France on ne dispose pas de chiffres officiels, mais le phénomène demeure marginal.

Dans le milieu du culturisme, on y prête beaucoup attention depuis les années 1980, lorsqu'un culturiste souffrant de diabète insulino-dépendant, remporta plusieurs concours réputés et acquit la renommée. Ses pairs non-diabétiques ont commencé à essayer cette hormone afin de savoir si elle pouvait déclencher la croissance musculaire. Elle vint ainsi grossir les rangs des ergogènes facilitant la prise artificielle de masse.

Perdre son temps avec l'insuline expose à de graves dangers [1]. Ses injec-

---

(1) Note du traducteur : cette procédure va en outre à l'encontre de l'éthique sportive ce que, malheureusement, l'auteur ne souligne pas suffisamment dans le texte original.

tions, comme pour n'importe quelle autre hormone synthétique, peuvent détraquer l'équilibre hormonal et conduire à tout un cortège de complications médicales. Il existe en outre le danger du choc insulinique, qui survient quand on en injecte des doses trop fortes. Il vous plonge dans l'inconscience et vous pouvez avoir une attaque. L'hypoglycémie en constitue une autre complication au cours de laquelle le taux de sucre du sang chute à un niveau très bas. Ses symptômes englobent des tremblements, des suées et, dans des cas extrêmes, on relève des convulsions et une perte de connaissance.

À moins que, souffrant de diabète de type I vous soyez traité à l'insuline, il ne faut pas y toucher. Combinées au dur travail accompli dans les salles, les dernières découvertes nutritionnelles maintenant accessibles aux culturistes et à tous les athlètes suffisent à vous construire un physique de vainqueur.

10
Élaborez votre propre programme alimentaire

Les culturistes qui adoptent une alimentation saine démontrent à quel point le corps humain est une machine étonnante. Encore récemment, la plupart des scientifiques considéraient que l'entraînement de force contribuait peu au maintien de la santé. On sait désormais que, lorsqu'on y associe une alimentation saine, il assure bien un rôle préventif à long terme, mais garantit aussi une plus grande autonomie physique à un âge avancé.

Malheureusement, de trop nombreux culturistes ont adopté de mauvaises règles diététiques, optant même parfois pour des dopants dans le seul but de voler du temps et d'atteindre plus vite leur objectif. Certes, cela paie à court terme, mais à longue échéance, ils se volent eux-mêmes en annulant leurs chances d'atteindre, en bonne santé, un âge avancé. Et il est sûr qu'en suivant un programme diététique sain, élaboré et fondé sur des éléments scientifiques, vous gagnerez à la fois en force et en masse. D'autres athlètes y sont parvenus avant vous. Cela demandera simplement plus de temps qu'avec le recours à des produits illicites. Mais vous aurez, en revanche, toute votre vie pour l'apprécier.

LE PROGRAMME

Même si on peut vous qualifier d'actif, vous êtes un individu comme un autre, avec les mêmes besoins de base que le reste de la population sauf, évidemment, en ce qui concerne l'énergie. L'apport à votre organisme de tous les nutriments dont il a besoin nécessite d'adopter le style alimentaire préconisé par la « pyramide » du guide alimentaire de l'USDA, mais en augmentant les portions. En d'autres termes, pour ingérer toutes les calories qu'il vous faut, vous devrez sans doute manger plus que ce que conseille ce modèle. Tant que vous mangez une grande variété d'aliments des divers groupes et que votre apport calorique couvre vos besoins quotidiens, vous tirez de votre ration les quantités de nutriments que requiert votre organisme. C'est là le concept développé avec la « pyramide ».

Proportionnellement, selon le total calorique, votre ration devrait se répartir comme suit : de 10 à 12 % pour les protéines, de 16 à 20 % pour les lipides lors de vos périodes d'entraînement et de « maintien », et de 70 à 73 % de glucides. Elle différera lors des phases d'affûtage ou chez les athlètes désireux d'atteindre leur « poids de forme ».

Apprenez à déchiffrer les étiquettes. Les informations nutritionnelles qui y figurent vous indiquent l'apport de protéines, de graisses, de sucres, ainsi que parfois le type de graisses délivrées. Vous aurez peut-être également intérêt à vous procurer un livre ou un logiciel vous détaillant la composition des aliments. Si vous cherchez à optimiser votre gain de force et de masse, suivez les recommandations diététiques suivantes.

INFORMATION NUTRITIONNELLE

Les céréales **Clusters** vous apportent	pour 100g de céréales **Clusters**	pour 30g de céréales **Clusters** et 125 ml de lait demi-écrémé
Énergie	1606 kJ 380 kcal	728 kJ 172 kcal
Protéines	10,7 g	7,4 g
Glucides dont sucres	69,0 g 23,4 g	26,7 g 13,0 g
Lipides dont saturés	6,8 g 1,0 g	4,0 g 1,6 g
Fibres alimentaires	8,5 g	2,6 g
Sodium	0,5 g	0,2 g

VITAMINES ET MINÉRAUX

Vitamines	% AJR*	% AJR*
C	51,0 mg (85%)	16,4 mg (25%)
Thiamine (B$_1$)	1,2 mg (85%)	0,4 mg (25%)
Riboflavine (B$_2$)	1,4 mg (85%)	0,6 mg (35%)
Niacine (PP)	15,3 mg (85%)	4,7 mg (25%)
B$_6$	1,7 mg (85%)	0,5 mg (25%)
Folacine (B$_9$)	170,0 µg (85%)	51,0 µg (25%)
B$_{12}$	0,85 µg (85%)	0,6 µg (60%)
Acide pantothénique (B$_5$)	5,1 mg (85%)	1,9 mg (30%)
Minéraux		
Fer	11,9 mg (85%)	3,6 mg (25%)
Magnésium	120 mg (40%)	51,0 mg (15%)
Phosphore	300 mg (35%)	200 mg (25%)

A.J.R. = Apports Journaliers Recommandés par la C.E.
Ces A.J.R. sont nécessaires à notre organisme pour rester en bonne forme.

Chaque matin, 30 g de céréales CLUSTERS® couvrent 25% des A.J.R. en 8 vitamines et en fer.

Chaque paquet de 375 g de céréales CLUSTERS® vous permet de préparer environ 12 à 13 bols de Céréales.

1. Calculez vos besoins caloriques en fonction de votre poids actuel

Quand votre poids change, il faut recalculer vos besoins énergétiques et nutritionnels. En phase d'entraînement et pour le maintien de la masse, il faut 44 calories/kg/j pour les hommes (soit 3 608 calories pour un sujet de 82 kg). Chez les femmes, il faut 44 calories/kg/j (2 376 calories pour une femme de 54 kg), le maintien s'obtient avec un apport de l'ordre de 38 à 40 calories/kg/j (de 2 052 à 2 160 calories/j). Plus une femme sera forte et musclée, plus il lui faudra de calories en phase de maintien. Pour elle, il faudra procéder par tâtonnement, la plupart des études ayant été conduites chez des hommes. Pour les autres phases, elle optera en général pour les valeurs inférieures aux chiffres conseillés. Ce programme convient aussi bien à tous les culturistes, qu'aux haltérophiles ou aux clients « dilettantes » des salles de musculation.

La phase de « prise de masse » impose l'absorption de 52 à 60 calories/kg/j, selon l'intensité de l'entraînement (de 4 264 à 4 920 calories pour un homme de 82 kg, et de 2 808 à 3 240 calories pour une femme de 54 kg). Augmentez doucement et progressivement les apports. Ce modèle convient à tous les compétiteurs et à ceux qui pratiquent la musculation en loisir.

Le régime de l'affûtage, qui englobe les dix à douze semaines précédant la compétition, comporte de 33 à 38 calories/kg/j (de 2 706 à 3 116 calories/j pour un homme de 82 kg, et de 1 782 à 2 052 calories/j pour une femme de 54 kg). Du fait que les femmes perdent moins aisément de graisses que les hommes, elles devront opter pour les valeurs inférieures aux normes (se placer 500 calories/j sous le niveau calorique du régime de « maintien », et augmenter l'activité aérobie de 500 calories/jour). Ce conseil s'adresse surtout aux culturistes.

La phase de restriction (7 jours au plus) comprend 30 calories par kilo de poids pour une femme (soit 1 620 calories/j pour une femme de 54 kg), et 33 calories/kg/j pour un homme (soit 2 706 calories pour un poids de 82 kg). N'utiliser cette approche qu'en cas d'absolue nécessité. Elle s'adresse uniquement aux culturistes ou tout autre sportif désireux d'entrer dans sa catégorie de poids. Elle ne concerne pas les haltérophiles.

Pour ceux-ci, lorsqu'un problème de poids se pose, il faut, après avoir suivi le régime de prise de masse, revenir à celui de « maintien » deux semaines avant la compétition, en calculant le niveau calorique à partir du poids usuel. Ceci permettra de perdre de la masse grasse sans altérer le muscle, ni la force, ni la puissance. Il s'agit aussi d'une bonne stratégie de base pour l'adepte des sports de force désireux de maigrir.

2. Calculer vos besoins en protéines

Pour le culturisme :

- Phase de maintien : de 1,2 à 1,3 g/kg/j
- Prise de masse : de 1,4 à 1,8 g/kg/j
- Affûtage : 1,8 g/kg/j
- Régime restrictif : de 1,8 à 2,0 g/kg/j (2,0 g/kg/j pour ceux ayant adopté un régime presque végétarien).

Pour les sports de force et d'endurance :

- Maintien : de 1,2 à 1,3 g/kg/j
- Prise de masse : de 1,4 à 1,8 g/kg/j
- Athlètes pratiquant la musculation en plus de leur discipline (entraînement croisé) : de 1,4 à 1,7 g/kg/j.

3. Calculez vos besoins en glucides

Partez sur la base de 8 à 10 g/kg/j, les besoins des haltérophiles et des culturistes en phase de maintien se situant plutôt à 8 g/kg/j contre 9 g/kg/j en phase de prise masse dans les deux cas, et 10 g/kg/j pour les athlètes s'adonnant à un entraînement croisé intensif.

Lors de l'affûtage et du régime restrictif, les besoins glucidiques correspondent à 65 % de l'apport calorique quotidien.

4. Calculez vos besoins en lipides

Fondamentalement, le reste de vos calories représentera entre 16 et 20 % du total. Il s'agit des graisses dans lesquelles les graisses mono- et poly-insaturées doivent prédominer, l'apport de graisses saturées devant être moindre. Relisez le chapitre 4 pour calculer, en grammes, cet apport.

5. La prise de liquide

Buvez un litre d'eau pour 1 000 calories de nourriture. Prenez-en même plus lorsque le temps est chaud et humide, ou que vous êtes en altitude. Évitez l'alcool et la caféine qui, tous deux, déshydratent. Et suivez ces recommandations complémentaires :

– Boire frais.
– Pour des exercices d'une durée inférieure à une heure, boire de l'eau pure est suffisant.
– Si l'aromatisation améliore la qualité gustative des boissons, ne pas hésiter à y avoir recours.
– Pour des séances de plus d'une heure, une boisson glucidique « de l'effort », contenant entre 4 et 8 % de glucides (en grammes pour 100 ml), convient mieux. Les glucides peuvent être du glucose, du saccharose ou des maltodextrines. On ne doit pas employer le fructose seul ou comme ingrédient principal, mais on accepte sa présence en petites quantités.
– Boire deux grands verres d'eau lors des deux heures précédant une séance.
– Lors d'une séance, boire de 150 à 250 ml toutes les 15 à 20 minutes.
– Consommer au moins 500 ml de boisson par livre de poids perdu lors de la séance.

6. Les compléments

Liquide : préparation à base de glucides et d'électrolytes (déjà évoquée).

Substituts de repas : leur emploi permet d'absorber des collations équilibrées et, après des exercices de musculation, d'absorber une combinaison de glucides et de protéines appropriés, optimisant le développement musculaire. Leur emploi présente aussi un grand intérêt le jour des compétitions, puisqu'ils rassasient sans laisser de sensation de lourdeur ou de remplissage. N'oubliez pas de tenir compte de leur apport en calories, glucides, protéines et lipides dans votre ration.

Vitamines et minéraux : la prise quotidienne de pastilles de multivitamines et de minéraux antioxydants ne se justifie pas lors des phases de « maintien » et de « prise de masse », mais peut s'avérer utile lors de l'affûtage, surtout pour les femmes.

Vitamine E : on recommande une prise de 100 à 400 UI par jour.

Calcium : les individus qui évitent les laitages pour des raisons de goût ou de confort digestif devraient absorber de 800 à 1 200 mg/j de calcium sous forme de complément. Mais mieux vaut tenter d'en tirer le plus possible de sa ration.

Créatine : ce complément vaut vraiment la peine qu'on l'essaie, surtout si on a adopté une ration plus ou moins végétarienne, dans la mesure où cette substance se trouve essentiellement dans la viande. Reportez-vous au chapitre 7 pour le protocole d'emploi.

7. Planifiez vos horaires de repas de manière optimale

– Prenez de petits mais fréquents repas afin de faciliter la combustion des graisses plutôt que leur stockage. Prévoyez de cinq à six repas quotidiens, voire plus si votre ration dépasse 3 000 calories/j. Assurez-vous d'absorber un solide petit-déjeuner si vous vous entraînez le matin. Faites des repas moins copieux l'après-midi. Il est également meilleur de manger de deux à trois heures avant un exercice. Il doit s'agir d'un repas riche en glucides et pauvre en graisses (sauf lors de l'affûtage).
– Restaurez vos réserves de glycogène en consommant, de 15 à 120 min après la fin de la séance, des aliments à index glycémique élevé.
– Favorisez la prise de masse en ingérant un mélange de protéines et de glucides dans les deux heures qui font suite à une séance de musculation.

RESPECTEZ VOTRE PROGRAMME

Pour que ces stratégies nutritionnelles réussissent, vous devez coller au plus près à votre programme. Élaborez-le sur la base d'aliments que vous aimez. Au besoin, aidez-vous des exemples de menus proposés au chapitre 11. En effet, si vous n'appréciez pas les denrées que vous êtes supposé avaler, vous ne le suivrez jamais. Si vous avez recours aux compléments liquides, essayez différentes marques et des parfums variés, pour trouver celui qui vous convient.

Écoutez votre corps ; mangez quand vous avez faim. Il se peut que vous préfériez le faire à des horaires toujours réguliers, plutôt que de les changer en fonction du rythme de chaque journée. De toute façon, demeurez à l'écoute de votre faim et de votre soif, que parfois nous confondons. Gardez des aliments et des boissons à portée de main, où que vous alliez. Les adeptes des sports de force qui réussissent le mieux, respectent toujours cette règle. Leur sac bien rempli ne les quitte jamais, ce qui leur permet de manger aux horaires convenus ou, s'ils ont faim, de ne pas dépendre de distributeurs automatiques ou d'aliments trop riches en sel et en graisses.

Lors de la phase d'affûtage, il vous sera sans doute difficile de manger au restaurant, et encore plus de voyager. S'il vous faut faire les deux, tentez de trouver des établissements servant des repas diététiques, où il devrait être facile d'accéder à vos désirs. N'oubliez pas de demander les ingrédients des plats servis, car une simple description de ceux-ci peut induire en erreur.

N'oubliez pas de toujours recalculer vos besoins sur la base de votre poids actuel. Si lors d'une phase de prise de masse vous avez grossi, et que vous désirez ensuite vous affûter, référez-vous à votre nouveau poids et non pas à celui que vous affichiez avant cette phase.

Personne ne peut le faire à votre place : vous savez que pour obtenir un corps fort et musclé, il vous faut le solliciter durement. Il vous faut aussi le nourrir afin qu'il se développe. Nous vous avons expliqué la meilleure façon d'y parvenir. Tenez-vous donc à ce plan, et vous serez ravi de la façon dont vous vous sentez, de votre apparence et de vos performances.

Pour les culturistes de compétition

Voici un rapide coup d'œil synthétique sur les recommandations à suivre quand vous préparez une compétition.

La phase d'affûtage

Commencez cette phase de dix à douze semaines avant l'objectif. Diminuez l'apport calorique et augmentez la part des exercices aérobies. Plus vous serez endurant et plus vous pourrez brûler de graisses. Ces exercices devraient, certes, figurer toute l'année à votre préparation, mais ils s'avèrent encore plus importants à ce moment-ci. Lors de l'affûtage, diminuez l'apport calorique en restreignant les glucides et les graisses. Évitez les glucides lors des quatre dernières heures avant un exercice afin d'optimiser la combustion des graisses.

La phase de restriction (une semaine avant la compétition)

Si vous n'êtes pas aussi affûté que vous le souhaiteriez, appliquez, pendant une semaine, le programme à 30-33 calories par kg et par jour. Si vous maintenez un travail aérobie, cela vous permettra d'éliminer un dernier kilogramme et demi. Assurez-vous que vous gardez votre apport protéique entre 1,8 et 2,0 g/kg/j. Abaissez l'apport calorique en limitant la portion glucidique à 65 % du total et en réduisant encore plus le niveau des graisses.

Utilisez la phase de restriction pour devenir encore plus affûté.

© Raymond J. Malace

Nutrition de l'effort : réalité et fiction

La diététique dans les fast-foods

Si vous menez une vie très active, vous vous rendez sans doute souvent dans les fast-foods. L'important consiste à faire les bons choix, ceux qui apportent peu de graisses et ont une haute valeur nutritive. Heureusement, ces lieux de restauration ont adapté leur carte à ces nouvelles exigences des consommateurs [1]. Pour vous aider à accomplir des choix sains, le tableau 10.1 dresse la liste des « bons » et « mauvais » aliments de fast-foods.

Voici quelques astuces supplémentaires pour éviter les sorties de route :

– Demandez toujours des sandwiches de taille normale, car ils contiennent moins de graisses.
– À la place d'un plus gros sandwich, commandez une salade, du lait écrémé, et une glace au yaourt maigre pour compléter votre repas.
– Évitez les fritures.
– Évitez les tortillas très grasses des salades mexicaines.
– Ne commandez jamais de crèmes ni de sauces de composition inconnue.

(1) Note du traducteur : ce constat optimiste qui, aux États-Unis, est sans doute exact, s'applique bien moins à notre pays à forte tradition gastronomique et, en même temps, davantage respectueux des bases d'une ration équilibrée.

> – Accompagnez vos pommes de terre cuites avec de la sauce chili plutôt qu'avec de la sauce grasse au fromage.
> – Pour tout ce que vous commandez, contentez-vous d'une portion !

Tableau 10.1. Les aliments de fast-foods acceptables.

Aliment	Calories	Graisses (%)
Burger King		
• Pâtes cheveux d'ange avec du fromage (Weight Watchers)	210	21
• Les mêmes sans fromage (Weight Watchers)	160	11
• Sandwich au poulet grillé (sans sauce)	140	26
• Salade au poulet (1 grosse) (sans sauce)	142	25
• Brownie au chocolat (Weight Watchers)	100	27
• Tarte au moka (Weight Watchers)	160	28
McDonald		
• Muffin à la myrtille	200	25
• Milk-shake au lait écrémé	320	5
• Cheerios (céréales)	80	11
• Wheaties (céréales)	90	10
• Muffin anglais	170	21
• Salade au poulet (1 grosse) (sans sauce)	150	24
• Sauce vinaigrette allégée (1 c à c)	12	38
• Hamburger	255	32
• Salade aux crevettes	76	21
Pizza Hut		
• Pizza au fromage (2 tranches moyennes)	518	35
• Margherita (2 tranches moyennes)	490	25
Tex Mex		
• Burrito aux haricots	387	33
• Burrito au poulet	334	32
• Burrito combiné	407	35

11
Exemples de régimes pour les sports de force

Voici plusieurs exemples de rations pour vous aider à élaborer votre propre programme nutritionnel. Toutes correspondent aux besoins d'une femme de 54 kg et d'un homme de 82 kg. Afin que leurs utilisateurs l'emploient plus aisément, nous avons arrondi certains chiffres à la dizaine ou à la centaine près.

Régime de maintien

Pour une femme de 54 kg-2 400 calories/jour			
	Quantité (g)	Calories	Calories (%)
Protéines (1,2 g/kg/j)	65	260	11
Glucides (8 g/kg/j)	436	1 744	73
Lipides (g)	44	396	16

Pour un homme de 82 kg-3600calories/jour			
	Quantité (g)	Calories	Calories (%)
Protéines (1,2 g/kg/j)	98	392	11
Glucides (8 g/kg/j)	654	2 616	73
Lipides (g)	66	594	16

S'adresse aux culturistes, à ceux qui pratiquent la musculation comme loisir, aux haltérophiles ainsi qu'à ceux qui désirent perdre du poids. Il s'agit alors d'une ration d'affûtage à 44 g/kg/j.

Régime de prise de masse

Pour une femme de 54 kg-2 800 calories			
	Quantité (g)	Calories	Calories (%)
Protéines (1,4 g/kg/j)	76	304	11
Glucides (9 g/kg/j)	491	1 964	70
Lipides (g)	59	531	19

Pour un homme de 82 kg-4 250 calories			
	Quantité (g)	Calories	Calories (%)
Protéines (1,4 g/kg/j)	115	460	11
Glucides (9 g/kg/j)	736	2 944	69
Lipides (g)	94	846	20

S'adresse aux culturistes, aux haltérophiles, et à tous ceux qui pratiquent la musculation de façon sérieuse (52 cal/kg/j).

Régime d'affûtage

Pour une femme de 54 kg-1 900 calories			
	Quantité (g)	Calories	Calories (%)
Protéines (1,8 g/kg/j)	98	392	21
Glucides (65 % des calories)	309	1 236	65
Lipides (g)	30	270	14

Pour un homme de 82 kg-2 700 calories			
	Quantité (g)	Calories	Calories (%)
Protéines (1,8 g/kg/j)	147	588	19
Glucides (65 % des calories)	503	2 012	65
Lipides (g)	56	504	16

S'adresse aux culturistes. Puisqu'il est plus difficile pour les femmes de perdre de la masse grasse, les niveaux caloriques proposés ici diffèrent (38 calories/g/j pour les hommes, 35 calories/g/j pour les femmes).

Régime de « séchage »

Pour une femme de 54 kg-1 635 calories			
	Quantités (g)	Calories	Calories (%)
Protéines (1,8 g/kg/j)	98	392	24
Glucides (65 % des calories)	266	1 064	65
Lipides (g)	20	180	11

Pour un homme de 82 kg-2 700 calories			
	Quantités (g)	Calories	Calories (%)
Protéines (1,8 g/kg/j)	147	588	21
Glucides (65 % des calories)	439	1 756	66
Lipides (g)	40	360	13

Du fait qu'il est plus difficile de maigrir pour une femme que pour un homme, les niveaux caloriques ici proposés diffèrent (33 calories/kg/j pour les hommes, 30 calories/kg/j pour les femmes). Ne le suivez pas plus de 7 jours consécutifs.

Recommandations pour la taille des portions des principaux aliments

Il s'agit d'une présentation détaillée des différents aliments, des portions et des équivalences au sein de chaque groupe d'aliments.

Groupe d'aliments	Taille de la portion
Farineux	1 tranche de pain, 125 g de céréales cuites, de pâtes ou de légume amylacé, 75 g de riz, 30 g de céréales prêtes à consommer, 1/2 muffin ou une 1/2 brioche, 3-4 petits ou 2 gros crackers
Fruits	1 fruit frais de taille petite à moyenne, 125 g de fruits frais, au sirop ou de jus de fruit, 60 g de fruits secs, un 1/2 pample-mousse, 1 tranche de melon
Laitages allégés	250 g de lait écrémé
Autres glucides	Ces aliments comptent comme des farineux, des fruits ou des laitages et apportent de la variété à votre ration. Ils peuvent aussi contenir plusieurs parts de lipides
Légumes	125 g de légumes cuits ou de jus de légumes, 250 g de légumes crus
Viande et équivalents	30 g de viande, de poisson, de volaille ou de fromage, 125 g de haricots, de pois ou de lentilles (compter comme un glucide plus une viande très maigre)
Très maigres	Viande blanche de volaille sans peau, cabillaud, carrelet, flétan, truite, thon frais ou au naturel, tous les fruits de mer, fromage avec moins de 3 % de MG, sandwich à la viande transformée (avec protéines de soja incorporées) à moins de 3 % de MG, blancs d'œufs
Maigres	Morceaux de viande « de choix » ou « sélection » de bœuf, de porc, d'agneau ou de veau maigre, débarrassés de leur gras, chair sombre des volailles sans la peau, ou blanc de volaille la peau, huîtres, saumon, sardines, thon à l'huile, maquereau, fromage blanc à 4,5 % de MG (60 g), parmesan râpé (2 c. à c.), fromage à moins de 9 g de graisses pour 100 g, sandwich à base de viande à moins de 9 g de graisses pour 100 g

Moyennement gras	La plupart des morceaux de bœuf, de veau, d'agneau, de porc, parés, chair sombre des volailles avec la peau, dinde ou poulet nourri au grain, fromage à moins de 15 g de lipides pour 100 g, œufs entiers, lait de soja (250 g), tempeh (60 g), tofu (125 g)
Graisses	Une c. à c. de beurre, de margarine, d'huile végétale, 1 c. à s. de vinaigrette, 2 c. à s. de sauce vinaigrette allégée, 1 c. à s. de mayonnaise allégée, 2 c. à c. de fromage allégé, 1/8 d'un avocat moyen, 8 olives, 6 à 10 noix, 2 c. à c. de beurre de cacahuète ou « tahin », 1 c. à s. d'oléagineux
Compléments liquides	Leur valeur nutritionnelle s'inspire de celle de certaines boissons de l'effort américaines (Gatorade), de substituts de repas (GatorLode, Gator Pro) et de la « Recette Susan Kleiner » pour la prise de masse.

Si vous pratiquez plusieurs séances quotidiennes, répartissez votre prise de boisson énergétique entre elles. N'en employez pas davantage. Compléter avec de l'eau pour vous réhydrater.

Recette « Susan Kleiner » pour la prise de masse

225 ml de lait écrémé	1 banane
50 g de céréales instantanées	1 c. à c. de beurre de cacahuètes

Mélanger jusqu'à ce que le mélange prenne une consistance moelleuse. Une portion délivre 438 calories, 70 g de glucides, 17 g de protéines et 10 g de lipides.

Régime de maintien à 2 400 calories

Groupe d'aliments	Nombre de portions
Farineux	7
Fruits	4
Autres glucides	1 cookie ou un petit brownie de 5 cm^2 ou 125 g de crème glacée allégée ou un morceau de gâteau sans glaçage ou une barre « granola » ou 5 gaufrettes à la vanille ou 75 g de glace au yaourt allégée, et 250 g de yaourt à 0 % aux fruits

Groupe d'aliments	Nombre de portions
Légumes	3
Viande et équivalents • Maigres • Moyennement gras • Graisses	2 1 1
Compléments liquides • Boisson énergétique • Concentré de glucides • Recette « Susan Kleiner »	4 portions (1 litre) 1 portion (350 ml) 1 portion

Indications de menus :

Matin	40 g de pain ou une brioche 250 g de yaourt à 0 %	250 g de jus d'orange
Collation	concentré liquide de glucides	1 barre « Granola »
Midi	1 œuf dur 1/2 tomate 2 galettes de riz 1 pomme	250 g crudités 2 c. à c. de sauce sans MG eau
Collation	50 g de bretzels eau	1 petite banane
Séance	boisson énergétique (1 l)	
Après la séance	1 portion de la « recette Susan Kleiner »	
Souper	250 g de pâtes cuites 250 g de brocolis 125 g de crème glacée allégée	125 g de sauce pour les pâtes avec 50 g de viande hachée eau

Régime de maintien à 3 600 calories

Groupe d'aliments	Nombre de portions
Farineux	8
Fruits	5
Lait écrémé	1
Autres glucides	250 g de yaourt à 0 % aux fruits, 3 c. à c. de gelée, ou confiture ou miel, 150 g de glace allégée au yaourt, 2 barres « granola »
Légumes	5
Viande et équivalents • Maigres • Moyennement gras • Graisses	 3 2 4
Compléments liquides • Boisson énergétique • Concentré de glucides • Substitut de repas	 5 2 portions (700 ml) 1 portion

Indications de menus :

Matin	80 g de corn flakes 60 g de raisins secs	250 g de lait écrémé 125 g de jus d'orange

Collation	40 g de pain ou une brioche
	3 cuillerées à café de miel,
	   confiture ou gelée
		2 cuillerées à café de fromage
		   à la crème allégé
		1 portion de concentré
		   liquide de glucides

Midi	2 œufs durs 2 cuillerées à café de sauce vinaigrette allégée eau	1 grand bol de salade 2 gressins de 10 cm de long 1 pomme
Collation	2 barres « granola » 1 portion de concentré liquide de glucides	250 g yaourt à 0 %

Séance	boisson énergétique (1 l)	
Après la séance	1 substitut de repas	
Souper	90 g de chair brune de poulet (sans la peau) 250 g d'asperges 180 g de riz brun 180 g de crème glacée allégée avec 1/2 banane coupée en tranches et 125 g de fraises coupées en morceaux	125 g de patates douces ou d'igname avec 1 c. à c. de beurre 250 g de pois écossés frits dans une cuillerée à café d'huile eau

Régime de prise de masse à 2 800 calories

Groupe d'aliments	Nombre de portions
Farineux	7
Fruits	5
Autres glucides.	1 cookie ou un petit brownie de 5 cm2 ou 125 g de crème glacée allégée ou un morceau de gâteau sans glaçage ou une barre « granola » ou 5 gaufrettes à la vanille ou 80 g de glace au yaourt allégée, et 250 g de yaourt à 0 % aux fruits, 2 c. à c. de gelée, miel ou confiture
Légumes	3
Viande et équivalents • Maigres • Moyennement gras • Graisses	 4 1 1 + 20 cacahuètes ou 4 c. à c. de beurre de cacahuètes
Compléments liquides • Boisson énergétique • Concentré de glucides • Recette « Susan Kleiner »	 5 portions (1,25 l) 1 portion (350 ml) 1 portion

Indications de menus :

Matin	1 œuf 250 g de jus d'orange	2 tranches de toast aux raisins
Collation	250 g de yaourt à 0 % de glucides	1 portion de concentré liquide

Midi	40 g de pain ou une brioche
	2 cuillerées à café de gelée
	  ou de miel
	100 g de raisin
	eau
		4 cuillerées à café de beurre de
		  cacahuètes
		5 petites carottes
		250 g de melon coupé en cubes

Collation	3 tasses de pop-corn allégés cuits
	  au micro-ondes ou sans graisses
	  ajoutées
		125 g de jus de pamplemousse

Séance	boisson énergétique (1,25 l)	
Après la séance	1 portion de « recette Susan Kleiner »	
Souper	120 g de saumon grillé + 1 c. à c. de beurre 250 g de chou frisé eau	180 g de riz sauvage 1 tomate en tranches 1 petit brownie de 5 cm²

Régime de prise de masse à 4 250 calories

Groupe d'aliments	Nombre de portions
Farineux	8
Fruits	6
Autres glucides.	250 g de yaourt à 0 % aux fruits, 3 c. à c. de gelée, ou confiture ou miel, 180 g de glace allégée au yaourt, 2 barres « granola »
Légumes	5

Groupe d'aliments	Nombre de portions
Viande et équivalents	
• Maigres	3
• Moyennement gras	2
• Graisses	7
Compléments liquides	
• Boisson énergétique	5 portions (1,25 l)
• Concentré de glucides	2 portions (700 ml)
• Recette « Susan Kleiner »	1 portion

Indications de menus :

Matin	Recette « Susan Kleiner » 3 cuillerées à café de gelée, confiture ou miel 250 g de jus d'orange	6 crêpes, genre blini, de 10 cm de circonférence et 0,5 cm d'épaisseur
Collation	250 g de yaourt à 0 %	1 portion de concentré liquide de glucides
Midi	Une galette grecque de 15 cm de circonférence, garnie de 90 g de fromage allégé (moins de 9 g de lipides pour 100 g), de tranches de tomates, de chou, de tranches de poivron rouge, d'un 1/8 d'avocat et d'une cuillerée à café de sauce sans graisses	bâtonnets de carottes 1 grosse poire 250 g de lait écrémé
Collation	1 portion de concentré liquide de glucides	2 barres « granola » 4 abricots secs entiers
Séance	boisson énergétique (1,25 l)	
Après la séance	1 substitut de repas	
Souper	3 tasses de légumes sautés à la poêle sans MG avec 200 g de tofu 250 g de riz brun	1 cuillerée à café d'huile 1 tomate en tranches 180 g de glace au yaourt allégé avec 250 g de framboises

Régime d'affûtage à 1900 calories

Groupe d'aliments	Nombre de portions
Farineux	7
Fruits	4
Lait écrémé	1
Légumes	3
Viande et équivalents • Très maigres • Maigres • Graisses	5 2 1
Compléments liquides • Boisson énergétique • Recette « Susan Kleiner »	3 portions (0,75 l) 1 portion

Indications de menus :

Matin	250 g de porridge 250 g de lait écrémé	3 c. à s. de raisins secs 125 g de jus d'orange
Collation	375 ml de boisson énergétique 16 biscuits secs	1 portion de concentré liquide de glucides
Midi	125 g de fromage blanc 1 tomate en tranches eau	50 g de compote 1 tranche de pain complet
Collation	céleri avec 2 cuillerées à café de beurre de cacahuète	
Séance	eau	
Après la séance	1 portion de la « recette Susan Kleiner »	
Souper	150 g de poisson à chair blanche ou de fruits de mer (poids de la chair = 150 g)	250 g d'asperges 180 g de riz brun 1 tranche ou 300 g de pastèque en dés

Régime d'affûtage à 3 100 calories

Groupe d'aliments	Nombre de portions
Farineux	8
Fruits	5
Lait écrémé	1
Autres glucides.	250 g de yaourt à 0 % aux fruits, 2 c. à c. de gelée, miel ou confiture, 100 g de glace allégée au yaourt, 2 barres « Granola »
Légumes	6
Viande et équivalents • Très maigres • M aigres • Graisses	5 6 2
Compléments liquides • Boisson énergétique • Substitut de repas	1 portion (0,35 l) 1 portion

Indications de menus :

Matin	80 g de corn flakes 250 g de lait écrémé	60 g de raisins secs 125 g de jus d'orange
Collation	2 barres « granola »	
Collation	40 g de pain ou une brioche avec 2 cuillerées à café de gelée, de confiture ou de miel	1 portion de concentré liquide de glucides 250 g de yaourt allégé
Midi	150 g de poisson à chair blanche ou de fruits de mer (poids de la chair = 150 g) 1 bol de salade	2 c. à c. de sauce sans MG 1 grosse tranche de pain complet 3/4 d'un ananas frais ou 1/2 tasse d'ananas en boîte
Collation	céleri avec 4 cuillerées à café de beurre de cacahuète	
Séance	eau	

Après la séance	1 substitut de repas	
Souper	180 g de viande maigre débarrassée du gras (gîte, rosbif, aloyau, bavette, flanchet, filet de bœuf, côtes de bœuf, chateaubriand, T-bone) eau	250 g de courgettes 1 épi de maïs de taille moyenne 500 g d'asperges 180 g de glace au yaourt allégé avec 125 g cerises en conserve

Régime de séchage à 1 635 calories

Groupe d'aliments	Nombre de portions
Farineux	6
Fruits	2
Lait écrémé	1
Légumes	3
Viande et équivalents • Très maigres	7
Compléments liquides • Boisson énergétique • Recette « Susan Kleiner »	3,5 portions (0,85 l) 1 portion

Indications de menus :

Matin	180 g de céréales Kashi 250 g de lait écrémé	2 c. à s. de raisins secs
Collation	425 ml de boisson énergétique	
Collation	425 ml de boisson énergétique 8 biscuits secs	1 portion de concentré liquide de glucides
Midi	1 galette grecque 15 cm de circonférence garnie de 90 g de thon au naturel égoutté	250 g de légumes 1 petite prune eau

Séance	eau	
Après la séance	1 portion de la « recette Susan Kleiner ».	
Souper	80 g de blanc de poulet sans la peau 1 petit bol de salade assaisonnée de vinaigre de Xérès et de poivre	250 g d'asperges 180 g de riz brun 180 g de fraises

Régime de séchage à 2 700 calories

Groupe d'aliments	Nombre de portions
Farineux	8
Fruits	5
Lait écrémé	1
Autres glucides.	250 g de yaourt à 0 % aux fruits, 2 c. à c. de gelée, miel ou confiture
Légumes	6
Viande et équivalents • Très maigres • Graisses	11 3
Compléments liquides • Boisson énergétique • Substitut de repas	1 portion (0,35 l) 1 portion

Indications de menus :

Matin	80 g de céréales 250 g de lait écrémé	60 g de raisins secs 125 g de jus d'orange
Collation	40 g de pain ou une brioche avec 2 c. à c. de gelée, de confiture ou de miel	1 portion de concentré liquide de glucides

Midi	150 g de blanc de dinde en tranche 3 feuilles de salade 1 tomate en tranches 1 c. à s. de mayonnaise allégée	2 tranches de pain complet 125 g de champignons crus Bâtonnets de carottes 1 pomme eau
Collation	20 cacahuètes non salées	eau
Séance	eau	
Après la séance	1 substitut de repas	
Souper	180 g de poisson à chair blanche 1 bol moyen de salade assaisonnée de vinaigre de Xérès et de poivre	180 g de riz brun 250 g d'asperges 300 g de fraises eau

Recettes

Salade indienne du matin

Cette délicieuse salade est servie comme plat principal en Inde, mais elle constitue un petit-déjeuner à la fois rapide et fabuleux. On l'agrémente de cardamome mais son prix, à moins que vous comptiez aussi l'utiliser dans d'autres recettes, peut lui faire préférer la cannelle.

Ingrédients :
– 1/2 cuillerée à café de beurre
– 2 cuillerées à café d'amandes émondées
– 2 bananes de taille moyenne, coupée en fines rondelles
– 4 cuillerées à soupe de yaourt nature à 0 %
– 3 cuillerées à soupe de crème fraîche allégée
– 1 cuillerée à café de miel
– 1/8 de cuillerée à café de cardamome moulue

Procédure :
1. Mélanger à feu doux le beurre dans une petite poêle qui ne colle pas et les amandes. Remuer souvent, jusqu'à ce que le mélange prenne une couleur argentée. Retirer du feu au bout de 3 minutes.
2. Pendant ce temps, dans une jatte de taille moyenne, mixer la banane, le yaourt, la crème, le miel et l'épice. Ajoutez alors les amandes et dégustez.

Remarque :
Ces proportions correspondent à deux portions. Chacune apporte 213 calories, 6 g de protéines (11 %), 32 g de glucides (57 %) et 8 g de graisses (32 %).

Un parfait pour le petit-déjeuner

Vous pouvez transporter ce petit-déjeuner artistique et très énergétique grâce à des tasses plastiques munies d'un couvercle.

Ingrédients :
- 500 g de yaourt aux fraises à 0 %
- 1 tasse de « Granola » (céréales pour petit-déjeuner) pauvre en lipides
- 250 g de baies fraîches (selon la saison)

Procédure :
1. Dans un verre ou une tasse en plastique de 450 ml, faites des couches avec les ingrédients en plaçant, dans l'ordre, 1/2 tasse de yaourt, 1/4 de tasse de céréales et 1/4 de tasse de fruits des bois.
2. Répétez l'opération n° 1, en gardant une bonne cuillerée de yaourt pour le dessus.

Remarque :
Correspond à deux portions. Chaque part apporte 472 calories, 13 g de protéines (11 %), 95 g de glucides (78 %) et 6 grammes de lipides (11 %).

Le délice de yaourt aux fruits

Ce délicieux déjeuner glacé peut se préparer la veille au soir, de façon à disposer d'un superbe repas léger et complet que vous pourrez facilement manger sur votre trajet, un chaud matin d'été. Si vous ne voulez pas vous ennuyer à ajouter les bâtons, plantez-y simplement une fourchette au moment de le manger.

Ingrédients :
- 250 g de pêches au sirop coupées en tranches
- 250 g de yaourt aux framboises à 0 %
- 250 g de jus d'orange

Procédure :
1. Mélangez les ingrédients jusqu'à l'obtention d'une consistance onctueuse. Placer alors dans 4 tasses en plastique de 250 ml. Mettez au freezer.
2. Lorsque la mixture est en partie gelée, placez-y des bâtons ou des cuillères en plastique. Dégustez. C'est prêt.

Remarque :
Correspond à deux portions. Chacune délivre 249 calories, 6 g de protéines (10 %), 53 g de glucides (86 %) et 1 g de graisses (4 %).

Pains perdus à la cannelle

Ce toast prend à peine plus de temps à préparer que celui requis pour qu'un toast normal sorte du grille-pain.

Ingrédients :
— 2 gros œufs, légèrement battus
— 2 cuillerées à café de jus d'orange
— 1/4 de cuillerée à café de cannelle moulue
— 4 tranches de pain complet

Procédure :
1. Dans une jarre profonde, mélangez les œufs, le jus d'orange et la cannelle.
2. Faites chauffer la poêle. Plongez le pain dans le mélange pour qu'il en soit enduit des deux côtés. Placez alors les tranches de pain dans la poêle, et recouvrez-les du reste du mélange. Faites cuire deux minutes des deux côtés, jusqu'à ce que les tranches brunissent. Mangez, c'est prêt.

Remarque :
Correspond à deux portions. Chacune apporte 254 calories, 13 g de protéines (20 %), 35 g de glucides (53 %), 8 g de lipides (27 %).

Gâteau danois à l'ananas

Ingrédients :
— 4 tranches de pain aux raisins
— 4 cuillerées à soupe d'ananas écrasé en boîte, non sucré et égoutté
— 150 g de ricotta partiellement écrémé
— 1 cuillerée à café de sucre brun
— une pincée de cannelle moulue

Procédure :
1. Tartinez chaque tranche de pain avec 30 g de fromage et couvrez avec de l'ananas. Mélangez le sucre et la cannelle et répandez de l'ananas sur le dessus.
2. Placer dans un grille-pain ou sous le grill jusqu'à ce que le sucre commence à mousser, ce qui prend environ 2 minutes.

Remarque :
Correspond à deux portions, dont chacune délivre 239 calories, 11 g de protéines (18 %), 33 g de glucides (55 %) et 7 g de lipides (27 %).

Fondant fraises banane

Ingrédients :
— 1 paquet de céréales instantanées parfum fraise
— 250 g de yaourt à 0 % aux bananes et à la fraise

– 250 g de lait écrémé
– 2 cubes de glace pilés

Procédure :
Placez tous les ingrédients dans un mixeur et le faire fonctionner une minute jusqu'à obtenir un parfait mélange de la glace. Buvez immédiatement.

Remarque :
Correspond à deux portions. Chacune apporte 440 calories, 26 g de protéines (23 %), 82 g de glucides (75 %) et 1 g de lipides (2 %).

Toasts aux fruits et au fromage

Ingrédients :
– 1 petite pomme rouge, pelée et coupée en tranches
– 1 petite poire d'Anjou ou Bartlett, pelée et coupée en tranches
– 60 g de cheddar coupé en fines tranches
– 4 tranches de pain complet

Procédure :
Placez les tranches de pomme et de poire sur le pain et couvrir de fromage pour en faire un toast. Placer sous le grill de 2 à 3 minutes, jusqu'à ce que le fromage commence à fondre et à faire des bulles.

Remarque :
Correspond à deux portions. Chacune délivre : 396 calories, 14 g de protéines (14 %), 56 g de glucides (57 %) et 13 g de graisses (29 %).

Index

Chez le même éditeur :

La première édition du *Guide nutritionnel des sports d'endurance* a, en raison de son approche très didactique, reçu un très bon accueil de la part du public et du corps médical et a été traduit dans plusieurs langues. Assortie de conseils pratiques, dotée de tests permettant à chacun de déterminer précisément son statut nutritionnel, elle a marqué à la fois parce qu'elle permettait enfin véritablement à chacun de se prendre en charge, mais aussi parce qu'elle intégrait les évolutions les plus récentes de la nutrition.

ISBN : 2 7114 1206 8.

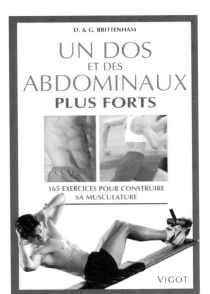

Les muscles de l'abdomen et du dos forment le centre de puissance le plus important de votre corps. L'entraîner et le développer améliorera votre forme et vos performances et vous permettra d'éviter les blessures.
Un dos et des abdominaux plus forts est un guide très pratique, destiné à tous, du sportif du dimanche à l'athlète accompli. 165 exercices pour renforcer votre groupe musculaire central y sont décrits, illustrés et accompagnés de conseils d'entraînement.
Entraînez-vous bien, développez vos muscles abdominaux et dorsaux, et voyez les résultats !

ISBN : 2 7114 1344 6.

Imprimé en France par l'Imprimerie Nouvelle – 45800 Saint-Jean-de-Braye
N° d'impression : 41228 – Dépôt légal : mars 1999